CORRESPONDANCE

DU

COMTE D'ARGENSON

MINISTRE DE LA GUERRE

PUBLIÉE PAR

LE MARQUIS D'ARGENSON

Lettres de Marie Leczinska
et du Cercle de la Reine

PRÉFACE DE M. PIERRE DE NOLHAC

PARIS

ALBERT MESSEIN, ÉDITEUR

19, QUAI SAINT-MICHEL, 19

1922

CORRESPONDANCE

DU

COMTE D'ARGENSON

LETTRES

DE MARIE LECZINSKA ET DU CERCLE DE LA REINE

MARC-PIERRE COMTE D'ARGENSON

Ministre et Secrétaire d'État de la Guerre

1696 - 1764

CORRESPONDANCE

DU

COMTE D'ARGENSON

MINISTRE DE LA GUERRE

PUBLIÉE PAR

LE MARQUIS D'ARGENSON

———

Lettres de Marie Leczinska et du Cercle de la Reine

———

Préface de M. Pierre de NOLHAC

PARIS

ALBERT MESSEIN, ÉDITEUR

19, QUAI SAINT-MICHEL, 19

1922

PRÉFACE

Les personnes informées sur le XVIIIe siècle n'ignorent pas qu'il y a en France certains domaines d'autrefois, où demeurent, intactes et inexplorées, des archives privées tout à fait précieuses pour l'histoire nationale. Comme celles du duc de Choiseul, par exemple, au château de Ray en Franche-Comté, il faut chercher aux Ormes, en Poitou, celles du comte d'Argenson. Le château des Ormes, rebâti par son fils le marquis de Voyer, a abrité, de 1757 à 1764, année de sa mort, l'exil du ministre de la Guerre de Louis XV, et toute sa correspondance y a été conservée par ses descendants. L'un d'eux, le marquis d'Argenson, a donné une bonne édition, complétée depuis, des Mémoires fameux dus au frère aîné du comte, ce marquis philosophe qui fut ministre des Affaires étrangères, et dont le fils, M. de Paulmy, lui-même ministre et ambassadeur, a attaché son nom de bibliophile à la fondation de la Bibliothèque de l'Arsenal. L'auteur de la présente publication, petit-fils de l'éditeur des Mémoires, *tient à maintenir les traditions d'une famille de bons serviteurs du pays et de grands lettrés.*

Transmis par des générations fidèles, le trésor documentaire, qui s'entr'ouvre aujourd'hui pour l'anecdote de cour, offrira plus tard à la grande histoire plus d'une surprise. Les dossiers soigneusement classés, qu'une aimable confiance m'a laissé parcourir, contiennent des correspondances entières du maréchal de Saxe, du prince de Conti, de Belle-Isle, de Richelieu, de Maillebois, des cardinaux de Fleury et de Tencin, et d'autres importants personnages, où toutes les affaires militaires et politiques du temps sont discutées au jour le jour entre les hommes mêmes qui les ont menées. Il y aura la matière de plusieurs recueils propres à satisfaire les historiens qui trouveraient qu'en celui-ci, parmi les correspondants du comte d'Argenson, la part a été faite trop large aux gens de lettres, Hénault, Tressan et Moncrif (1).

Tout le monde a lu, entre tant d'épîtres flatteuses ou badines adressées par Voltaire aux frères d'Argenson, celles de l'année 1745, où les mérites de ces deux ministres sont étroitement associés aux gloires de la campagne de Fontenoy. Il est certain que le ministre de la Guerre, en fonctions depuis janvier 1743, avait contribué, par de prévoyantes me-

(1) Un très petit nombre de lettres de la Reine et du président Hénault ont été publiées en 1857, dans l'édition elzévirienne des *Mémoires du Marquis d'Argenson.*

sures et une attention infatigable, à rétablir l'ins-
trument dont surent se servir un Maurice de Saxe
et un Lowendahl. Le témoignage est unanime sur
les qualités d'administrateur du comte d'Argenson.
Actif, appliqué, intelligent, il enseignait par son
exemple à ses subordonnés le dévouement au service
du Roi, qui était celui de la France. On s'est étonné
de le voir indifférent au progrès de l'artillerie, dont
Frédéric II a compris beaucoup mieux l'importance ; mais comment ne pas lui savoir gré de la
part qu'il a prise à l'institution de l'Ecole militaire,
à des créations utiles telles que les régiments de grenadiers, à des réformes pleines d'avenir, comme
cette « noblesse militaire » qu'il fit accorder de droit
à tous ceux qui parviendraient au grade d'officier
général, pas considérable, et le seul qu'on pût faire
sous l'ancien régime, vers l'égalité d'avancement.
M. d'Argenson s'était même proposé d'abolir pro-
gressivement un des plus choquants abus de l'armée
d'autrefois, la propriété et la vénalité des régiments.
Quand ses correspondances personnelles auront été
publiées et confrontées avec celles des Archives de
la Guerre, on pourra étudier son rôle de ministre
ouvert aux idées nouvelles, qui s'est donné tout entier
à ses hautes fonctions et qui a voulu de Nattier,
pour fond de son portrait officiel, le champ de bataille de Fontenoy.

Ce grand département de la Guerre, auquel
M. d'Argenson joignait le département de Paris,
la librairie, les postes, lui assurait à la Cour une

influence plus étendue qu'à tout autre membre du Conseil du Roi. Il disposait, par sa charge, de l'élévation ou de la ruine de presque toute la noblesse. Décidé à soutenir avant tout la bravoure et le mérite, il savait ménager cependant les intérêts et les amours-propres, et utilisait, pour les fins d'une ambition froide et résolue, sa parfaite connaissance des hommes. Il était servi par des qualités extérieures qui manquaient à son aîné, « d'Argenson la bête », disait-on, en pensant à ce brillant cadet. Manières prévenantes, visage agréable, conversation spirituelle, il avait tout pour plaire, et ses intimes seuls pouvaient connaître ce qui se cachait de sérieux, et au besoin d'inflexible, sous les dehors frivoles et conciliants de l'homme d'esprit.

Louis XV, qui l'aima plus qu'aucun de ses ministres, pour son caractère et la facilité de son travail, l'aurait probablement gardé toujours, alors qu'il n'avait supporté le marquis que trois ans. Mais il y eut Madame de Pompadour et l'intrigue féminine. Elle avait ménagé longtemps cette puissance, si proche de l'oreille du maître, et avait su en tirer avec abondance ces menues faveurs qu'un homme en place met aisément à la disposition de ses amis. Une foule de billets, que j'ai sous les yeux, montre que la favorite sollicitait sans cesse et remerciait avec bonne grâce. Pour des affaires plus graves, elle eût trouvé de la résistance, car le courtisan et le ministre faisaient deux personnages qui ne confondaient pas leurs devoirs.

Les chocs devinrent assez vifs pour entraîner une antipathie, qui fut une curiosité de Versailles et fit ouvrir les paris. La liaison de M. d'Argenson avec Madame d'Estrades, qui menait campagne dans les Cabinets contre la marquise, acheva d'exaspérer celle-ci. Il refusa une réconciliation que Bernis avait ménagée : « Il était, » dit le cardinal, « profondément rempli de l'erreur commune aux ministres qui ont été agréables, de croire qu'ils seront toujours aimés.» Madame de Pompadour épiait l'occasion: l'affaire de Damiens la fournit. En février 1757, le Roi renvoya M. d'Argenson avec sa dureté ordinaire, après quatorze ans de ministère et plus de trente ans de bons services. Il quitta la Cour, en même temps que Machault d'Arnouville, ce qui ajoute à l'honneur de sa disgrâce.

Qui souffrit le plus de cet événement ? Ce fut la Reine. Depuis sa jeunesse, Marie Leczinska connaissait le comte d'Argenson. Il l'avait vue à Wissembourg, princesse exilée, dans la petite cour misérable du roi de Pologne, et c'était lui qui avait parlé le premier à Versailles des qualités de celle dont on songea d'abord à faire une duchesse d'Orléans. Il fut donc le premier artisan de la prodigieuse fortune qui lui donna la couronne, et ni elle ni son père ne l'oublièrent jamais. A l'amitié toute cordiale de Stanislas celle de « la bonne Reine » ajouta ses douceurs. Elle trouva, dans l'intendant de Paris, puis dans le ministre de son époux, le conseiller d'expérience, à qui l'on peut tout dire et sur qui les personnes royales elles-mêmes ont besoin de s'appuyer aux circonstances délicates de leur existence. On voit ce rôle fort au clair dans ce qui reste d'une assez jolie correspondance, où Marie Leczinska, parmi les familiarités de la vie quotidienne, livre parfois plus d'un secret de son cœur. C'est surtout quand le comte est aux armées, auprès de Louis XV, que les lettres qu'elle reçoit lui sont précieuses. Elle veut qu'il les écrive en ami, sans les formules d'extrême respect qui entraînent à amoindrir la sincérité : « Retranchez dans votre lettre, je vous prie, Madame, Majesté, et très humble. » C'est par lui, fidèle témoin, qu'elle a les plus sûres nouvelles du Roi en campagne, de ses dispositions, de sa santé, des dangers auxquels il s'expose. Et à qui pourrait-elle parler plus librement de ses inquiétudes maternelles pour le Dauphin, et aussi de sa fierté de le voir auprès de son père, devant l'ennemi ? « Je vous envoie une lettre pour mon fils ; et quand avec fort peu de modestie je vous disais qu'il était charmant, avais-je tort ? Vous me connaissez ; ainsi vous ne serez pas surpris du sentiment dont je vous fais part. Je suis plus flattée aujourd'hui d'être femme du Roi et mère de mon fils, que d'être la Reine. N'en dites jamais mot, mais j'aime le premier à la folie. » Et, après la journée de Lawfeld, où le Dauphin ne se trouvait pas : « Je vous remercie du compliment que vous me faites sur la victoire que le Roi vient de remporter. Ma joie est grande ; elle aurait été complète si mon fils s'y était trouvé. Ce qui me console, c'est qu'il *pense de même. » Cette Polonaise écrit et pense à la française.*

Pour tout le cercle de la Reine, M. d'Argenson est un oracle. Il est aussi une providence, puisqu'il donne les régiments avec les croix de Saint-Louis. On compte sur lui pour combattre, au Conseil et chez le Roi, l'influence des maîtresses, pour avancer dans leurs grades militaires les maris, les frères, les neveux, et chaque promotion lui vaut des sollicitations sans fin, où toutes les parentés entrent en jeu. Dans les petits cabinets de Sa Majesté, entre les bons Luynes et la « sainte duchesse » de Villars, il est parmi des amis et des obligés. Il leur apporte les nouvelles de la politique, plus souvent l'anecdote piquante, le ragot pimenté que la Reine ne déteste pas. Tout le monde dans cette société a son surnom : « la Griffe » c'est-à-dire Moncrif, lecteur de Sa Majesté, réplique à « Cadet » avec la déférence qui convient. Ces colloques d'esprits alertes amusent des duchesses sans pruderie. Si « Cadet » fait un peu trop le philosophe à la Voltaire, on le met aux prises avec le Président, qui pense plus sagement, et toutes les dames l'avertissent qu'elles prieront pour sa conversion. Le comte d'Argenson est l'ami des jésuites, et cette amitié, que le jansénisme de son frère ne pardonne pas, lui vaut ici toutes les indulgences. Au reste, qui tiendrait rigueur à l'homme le plus charmant de la Cour ? C'est le mot qui l'accueille chez la Reine, dès qu'il franchit le seuil, et qu'elle lui répète dans un billet : « Vous êtes charmant, charmant, charmant.

Si l'on mettait les saints dans le calendrier de leur vivant, je serais ravie d'y voir saint Cadet. »

Des anecdotes ignorées, quelques intrigues qu'on oubliait, un caractère mieux marqué dans certaines figures de la Cour de France, voilà ce que ces correspondances offrent au lecteur. Il y goûtera une vision fugitive des mœurs d'autrefois, un aspect élégant de la vieille société française, si fine, si mesurée, qui médit des folies du siècle sans s'y mêler, et ce ton de Versailles, que bientôt on n'entendra plus.

PIERRE DE NOLHAC.

LETTRES DE LA REINE

LA REINE AU COMTE D'ARGENSON

Rien de si aimable que Cadet (¹). C'est bien sa
faute quand il ne l'est pas. Je crois bien que cela
ne lui fait pas grand chose, mais on est aussi aise
du premier que fâché du second. Je voudrais
bien recevoir bientôt, au lieu de laurier de votre
jardin, une branche d'olivier (²). C'est le but de
tous mes désirs. Qu'il n'y croisse plus autre chose.
Arrachez-en le myrthe comme mauvaise herbe.
Adieu Cadet, je finis car j'ai beaucoup à écrire
encore, et des lettres un peu plus graves. J'en
suis bien fâchée, il me restait de belles choses à
vous dire. Cela se retrouvera toujours.

Ce 18.

[Mai 1744].

Je vous remercie de la liste de la promotion que
vous m'avez envoyée. Je vous avoue que j'ai vu
avec peine que M. de Saulx y a été oublié, ayant
bien fait, y ayant été blessé même. J'espère que
vous tâcherez de réparer cet oubli et me ferez un

1. Surnom du comte d'Argenson dans le cercle de la Reine.
2. Le ministre de la Guerre accompagnait le Roi aux armées
pendant les campagnes de 1744 et des années suivantes.

grand plaisir ; vous savez combien je m'intéresse
à M. l'archevêque de Rouen. De plus, le sujet le
mérite, il est plein de bonne volonté. Je suis touchée de votre exactitude à m'envoyer des nouvelles, et vous en sais un gré infini. Voilà donc
Menin assiégé. Dieu veuille que tout aille bien
ainsi que je l'espère, et finisse heureusement.
Adieu.

Ce 22 mai.

[1744].

Vous n'ignorez pas combien je m'intéresse à la
marquise de Boufflers (¹), et à tout ce qui lui
appartient. Le régiment Dauphin est vacant par
la promotion, rien ne me ferait plus de plaisir que
de le voir donner à M. de Roquépine (²). Employez pour cela toute votre éloquence, beau
Cadet, cela vous sera d'autant plus aisé que
M. le maréchal de Noailles (³) a déjà parlé. Ne
doutez pas du gré que je vous en saurais ; ce sera
une nouvelle marque de votre attachement, mais
je suis fâchée de vous dire que je ne saurais rien
ajouter à la façon dont je pense pour vous.

Ce 23 mai.

[1744].

1. Marie-Françoise-Catherine de Beauvau-Craon, mariée à
Louis-François, marquis de Boufflers-Remiencourt, née en 1711,
morte en 1786.

2. Louis d'Astorg, marié le 13 février 1744 à Marie-Louise de
Boufflers.

3. Adrien-Maurice, duc de Noailles (1678-1766), maréchal de
France le 14 juin 1734, ministre d'Etat.

Ce 22 mai.

Billet de la duchesse de Villars (1).

Voici une lettre de la Reine, Monsieur. Elle désire le secret sur ce qu'elle vous mande, mais elle vous prie de rendre tous les services qui dépendront de vous à M. de S. Je me flatte, Monsieur, que vous ne doutez pas des vœux que je fais pour le succès de vos entreprises, vous connaissez mon sincère attachement.

Vous êtes charmant, charmant, charmant. Il ne vous manque que M. de Saulx (2) et M. de Lannion (3) pour être délicieux ; et à moi de réussir à vous marquer combien je vous suis reconnaissante.

Ce 27.

Je suis enchantée de nos heureux succès. Vous voyez bien qu'il est bon de prier Dieu. Sans lui nos forces sont bien faibles. Si on mettait les saints dans le Calendrier de leur vivant, je serais ravie d'y voir saint Cadet.

[Mai 1744].

Je suis bien touchée de l'attention que vous avez mise à réparer l'oubli qui a été fait de M. de Saulx (4), et de l'espérance que vous me donnez sur cela. Vous connaissez mon amitié pour son

1. Amable-Gabrielle de Noailles, fille du maréchal, née le 18 février 1706, dame du palais en 1727 et dame d'atours de la Reine en septembre 1742.

2. Charles-Michel-Gaspard, comte de Saulx, né en 1713, menin de Mgr le Dauphin, lieutenant-général en 1748.

3. La Reine écrit *Lagnon*. Le comte de Lannion, maréchal de camp en 1748, avait épousé, en 1738, Mlle de Clermont-Tonnerre.

4. M. de Saulx avait été fait maréchal de camp le 2 mai 1744.

oncle, et combien je m'y intéresse. Je suis bien aise de tout le bien que vous dites du prochain, mais je ne puis vous taire que je trouve Cadet un émissaire du Malin, et cela n'est pas trop bien. Il me paraît qu'il ne vaut pas mieux à la guerre qu'à la Cour. Je l'assure cependant qu'il n'a pas besoin de faire l'éloge de personne pour que les marques de son attachement soient bien reçues.

Ce 29 mai.

Il est bien triste que le mauvais temps qu'il fait retarde le siège (¹). C'est bien du temps de perdu et qui en donne aux ennemis.

J'ai vu une lettre de Cadet à l'aîné (²) écrite cordialement, fraternellement, reçue de même, et c'est moi qui en ai eu tout le plaisir.

[1744].

Billet de la duchesse de Villars.

Voici la réponse de la Reine. La lettre de monsieur le comte est charmante, excepté le titre que je ne mérite pas. Je suis pénétrée de la bonté avec laquelle il m'offre ses prières, je les accepte avec plaisir. Si les miennes sont exaucées, il sera parfaitement heureux.

A Versailles, ce 30 mai (1744).

Cela n'est pas fort honnête à moi de ne vous avoir pas fait réponse plus tôt, mais c'est impossibilité. J'ai eu une quantité de monde à voir et de lettres à écrire. Voyez comme je suis vraie ;

1. De Menin.

2. René-Louis, marquis d'Argenson (1694-1757), ministre des Affaires étrangères du 18 novembre 1744 au 10 janvier 1747. Les deux ministres étaient fils de Marc-René, marquis d'Argenson, garde des Sceaux de France (1652-1721).

je vous ai réservé pour quand je n'aurais plus
rien à faire. Mais ne vous en fâchez point, car
c'est pour avoir le plaisir de vous entretenir plus
longtemps. Je n'en mettrai pas beaucoup à vous
dire que je suis ravie de la prise de Menin (¹), et
que je voudrais que toute la suite de la campagne
se passât aussi heureusement, et que je suis enchantée de tout ce que j'entends dire du Roi.
Vous savez tout cela d'avance, mais ce que vous
ignorez, c'est que je vais vous gronder. Je commence par vous dire que vous avez l'esprit mal
fait, que vous vous fâchez de ce qui devrait vous
donner de l'amour-propre. On se vante de vos
faveurs, marque que l'on en sent tout le prix ;
vous ne le trouvez pas bon, et au lieu de devenir
par là prodigue de sentiments, vous en voulez
diminuer la dépense. Cela n'est pas juste, et
devant qui s'en est vanté, devant moi qui en
connais toute la valeur et qui en ai eu un plaisir
sensible, je vois bien que vous voulez m'en priver.
J'en suis bien fâchée, et vous pouvez en être
bien persuadé. Je suis bien en peine de la maladie
de votre gouverneur ; il me paraît par ce que
vous me dites que cela allait mieux, il est très
bon à conserver. Je vous remercie de l'espérance
que vous me donnez pour M. de Roquépine ; souvenez-vous en, je vous prie. Je vais demain voir
M. le duc d'Orléans à la Magdeleine (²). Mme de Tonnerre m'a priée de vous recommander M. de Lan-
nion en premier lieu, pour qu'il puisse être échangé

1. La ville de Menin, investie le 23 mai, s'était rendue le 4 juin 1744.
2. Louis, duc d'Orléans, fils du Régent, né le 14 août 1703,
mort à Sainte-Geneviève le 4 février 1752.

quand l'occasion s'en trouvera. Il est dans une grande douleur de ne pas servir ; il a eu aussi de ses cadets avancés. Dès que vous pourrez faire quelque chose pour lui, vous saurez que ce sera pour moi. Mon amitié pour mon pauvre maréchal [1] ne meurt point. L'intérêt que je porte à tout ce qui lui appartient est aussi vif que s'il vivait, et le sera toujours. Je n'ai que faire de vous en assurer, vous me connaissez ; je finis même cet article, car je m'attendris. J'ai une chose à vous demander, qui ne vous coûtera qu'une lettre, c'est à votre femme. Quand vous lui écrirez, mandez-lui, et je vous le dis sincèrement, que je suis touchée de son attachement. Elle ne quitte presque pas Versailles, et de toutes façons je suis bien aise de la voir. Je crois que voilà une assez longue lettre. Je vous ai tenu parole, et c'est beaucoup à quelqu'un qui écrit mal et n'aime point à écrire. Cela vous prouve que j'ai plus de sentiments que d'amour-propre.

Ce 8 juin.

Dites bien des choses de ma part au Grand Prieur [2]. Je ne vous les spécifie point, vous les arrangerez mieux que moi. Qu'elles soient pieuses et tendres.

Billet de la duchesse de Villars.

Ce 8 juin [1744].

Voici la réponse de la Reine. Monsieur. Je n'ai pas perdu un instant pour lui faire rendre votre lettre. Je

1. Le maréchal de Nangis, chevalier d'honneur de la Reine, mort le 8 octobre 1742.

2. Jean-Philippe, chevalier d'Orléans, fils du Régent et de Mlle de Séry, né en 1702, mort en 1748.

continue toujours à vous souhaiter toute sorte de
bonheurs. Recevez-en les nouvelles assurances et celles
de ma sincère amitié.

Vous jugez bien que je ne négligerais pas une
occasion comme celle-ci pour vous écrire. Je suis
très fâchée qu'elle se présente dans ce moment
ici où je n'ai que des reproches à vous faire sur
un silence qui commence à m'ennuyer. Vous
verrez par la pâleur du visage de celui (¹) qui vous
remettra ma lettre ce que je pense sur vous. Ainsi
il ne tiendra qu'à vous de lui mettre du rouge, et
de me faire grand plaisir.

Ce 22.

Raillerie à part, donnez-moi souvent de vos
nouvelles, et le bulletin tous les jours. Les inquiétudes sont plus grandes à proportion de l'éloignement.

On dit que vous êtes très bien avec le Roi ; j'en
suis fort aise, vous n'en doutez pas. Je désire que
vous y soyez aussi bien qu'avec la Reine, car on
ne peut être mieux. Elle me le dit souvent, et je
suis ravie de vous en assurer.

Je ne puis vous dire combien je suis touchée de
votre attention à tout ce qui me peut plaire. Il
me serait inutile de l'entreprendre. Ainsi je me
contente de vous assurer que je ne suis pas
ingrate, et de désirer de vous le prouver. Je n'ai
point osé mander à Mme de Donges la grâce que
le Roi avait faite à son fils jusqu'aujourd'hui, ne
sachant pas si elle était publique. Voyez comme
je me corrige. Il est vrai que je n'ai point vu

1. Moncrif.

M. de Gesvres (¹). Il n'est question ici que de la bonté du Roi pour vous : jugez si j'en suis bien aise. C'est une marque du discernement de votre maître qui fait, je vous assure, grand plaisir à votre maîtresse.

Ce 26.

[Juin 1744].

Billet de la duchesse de Villars.

Ce 26 juin [1744].

Voici une lettre de la Reine, Monsieur, j'y joins un placet, et les assurances de mon sincère attachement.

Voulez-vous savoir des nouvelles de Versailles ? En voici des plus neuves, c'est que je ne vous aime plus. La raison est que je n'entends point parler de vous ; cela m'ennuie, l'ennui fait tomber dans la langueur. Je sens cependant qu'en écrivant, la langueur se réveille ainsi pour de la peine perdue. Je finis ma lettre. Comment la finir après ce que j'ai dit ? Après avoir bien cherché, je trouve une ressource dont on pourrait se scandaliser. Mais *honni soit qui mal y pense*, qu'un feu mal éteint est aisé à rallumer. Elle n'est pas d'aujourd'hui, mais elle peut s'appliquer.

Ce 29 juin.

[1744].

J'ai reçu ce matin, non sans étonnement, un bulletin au lieu d'une lettre de votre part. Je

---

1. François-Joachim-Bernard Potier, duc de Gesvres, né en 1692, gouverneur de Paris en 1719, premier gentilhomme de la chambre.

vous en suis cependant obligée, il ne peut que me
faire plaisir dès qu'il m'apprend de bonnes nouvelles de la santé du Roi. Mais faites-moi celui,
beau Cadet, dorénavant de m'en écrire qui ressemble plus à une lettre, car je n'ai jamais appris
à faire de réponse à des bulletins. Je tâcherai de
m'en instruire. En attendant, prêtez-vous à mon
style, vous n'y aurez pas de peine. Il est simple
mais sincère, et quand je vous assure de mon
amitié, croyez-moi, car cela est vrai.

Ce 6.

Avez-vous pensé à envoyer un congé à M. d'Au-
bigny ? Je n'oublie point à vous recommander
gens qui vont lui appartenir. On m'a dit que l'on
avait pris Saint-Ghislain. Dieu soit loué si cela
est vrai, et nous donne continuation de bonnes
nouvelles.

J'ai donc enfin reçu une lettre de vous, et telle
que je la désire. Continuez les bulletins, mais
tâchez de les entremêler de quelque épître comme
celle dont je vous parle. Je suis ravie de ce que
vous me dites du bon état des troupes. Plus d'une
raison me fait plaisir sur cet article ; il y a l'essentielle d'abord, et puis par rapport à vous, cela
fait voir que vous ne nigaudez pas toujours. Voilà
donc le temps des inquiétudes qui va commencer,
suivant ce que vous me dites. Dieu conserve le
Roi et bénisse ses entreprises. J'aurais plus de
courage d'aller à la tranchée qu'en y pensant ici.
Je suis bien aise de l'éloge que vous me faites,
cela flatte mon amour-propre de ne m'intéresser
qu'à ce qui le mérite, et je continue ma recom-

mandation. Je n'ai garde de défendre ce qui est illicite. Cela ne serait pas bien. Votre sévérité trouverait cela mauvais. Adieu, donnez-moi toujours des nouvelles, Dieu veuille qu'elles soient toujours bonnes. N'oubliez pas de me parler des vôtres, vous savez l'intérêt que j'y prends ; je compte sur votre attachement et rendez-moi la justice que l'on ne nous rend pas ordinairement, qui est d'en être touché. Vous savez, malheureusement pour moi, que mon cœur est très capable d'amitié.

Ce 12. — Mme d'Argenson est charmante. Elle est très souvent ici, cela me fait grand plaisir. Pensez à M. de Roquépine.

Vous pouvez bien vous imaginer la joie que me cause la nouvelle que vous me mandez (¹). J'en attends la suite avec bien de l'impatience, car tant que je ne saurai que les ennemis ont repassé le Rhin, je ne serai pas entièrement tranquille. C'est toujours un grand bonheur de les avoir battus, mais je voudrais qu'il n'en fût plus question. Vous me ferez plaisir de m'instruire du détail que vous attendez et de m'informer du prince Charles (²), où il est et ce qu'il fait ; cela me tient très à cœur. Je suis très touchée de toutes les marques de votre attachement, et j'y suis très sensible.

Ce 20 juillet.

[1744].

1. L'échec du prince Charles, repoussé par Coigny. La lettre du comte d'Argenson à la Reine, datée de Dunkerque (9 juillet 17⁴⁴), a été publiée dans les *Mémoires du duc de Luynes.*

2. Le prince Charles de Lorraine avait passé le Rhin et mena-

Il est certain qu'il serait bien agréable que les conquêtes que le Roi fait ne fussent pas plus chères que Bruges, mais comme malheureusement cela ne se peut, toute belle que soit cette campagne, cela ne m'empêche pas d'en désirer la fin, encore plus celle de la guerre. J'ajoute un second amen au vôtre quand vous voudrez m'affirmer quelque chose. Ne vous servez pas du serment que vous mettez dans votre lettre si vous voulez me persuader. Je n'ai pas plus de foi à votre morale qu'à votre serment. J'en crois les réflexions si légères que la moindre mouche, que vous ne chasserez pas, les détruira. (Je ne fais pas de même, j'en ai trouvé dans votre lettre que j'ai renvoyée tout au plus loin ([1]).) J'ai reçu des nouvelles de M. le cardinal de Rohan ([2]) ; il me mande que Mme d'Argenson a fait des merveilles à Strasbourg, que tout le monde en est enchanté. Qu'en pensez-vous ? Je crois qu'il ne sera pas fâché que je vous le mande. Ce qu'il y a de sûr, c'est que je m'en charge volontiers. Adieu.

Ce 23. — Ce que vous trouverez d'effacé, ce sont des mouches, voilà comme il faut les traiter.

Oui, voilà encore Furnes pris ([3]). Je conviens que les conquêtes sont rapides de ce côté-là, mais si les ennemis en font autant en Allemagne, nous

çait les provinces de l'Est (juillet 1744). Fils de Léopold, duc de Lorraine, né en 1712, mort en 1780, gouverneur des Pays-Bas.

1. Ces deux lignes ont été barrées par la Reine. Malgré la date de 1744, cette lettre est certainement de 1745.

2. Armand-Gaston de Rohan, cardinal, évêque de Strasbourg, grand-aumônier de France, mort en 1749.

3. Le 11 juillet 1744.

ne serons pas bien avancés. Je suis étonnée que vous n'ayez point de nouvelles. Il nous en vient de très mauvaises ici. Vous devez être au fait pourquoi M. de Coigny ([1]) n'a pas marché à Lauterbourg tout de suite. Faites-moi le plaisir de m'en instruire ; c'est du moins une consolation quoique triste de savoir que l'on n'a pas pu faire autrement. Je suis dans une grande inquiétude, et n'en sortirai que quand les ennemis ne seront plus sur nos frontières. Ils m'y étouffent. J'attendrai ici la Reine ([2]) jeudi ou vendredi. Adieu, Cadet, votre aîné ([3]) devient rare.

Ce 24 juillet.

Voulez-vous bien me mander un petit mot sur M. de Saulx.

Je ne puis refuser à Mme de Luynes, qui vient de perdre son neveu M. de Brienne ([4]), de vous écrire en faveur de son frère, pour qu'il puisse avoir le régiment qui vaque par cette mort. Il a déjà fait trois campagnes et c'est un très bon sujet. Je me flatte que vous aurez égard à ma recommandation, et T. vient de m'apprendre que vous avez la goutte. J'en suis bien fâchée et désire fort que ma lettre vous trouve guéri.

Ce 26 juillet

[1744].

1. Le prince Charles, chassé d'abord par Coigny, était revenu sur le Rhin.

2. La reine de Pologne s'était enfuie devant la menace de l'invasion autrichienne et allait se réfugier à Meudon, pendant que le roi Stanislas s'enfermait dans Metz.

3. Le marquis d'Argenson.

4. Fils de Louis-Henri de Loménie, comte de Brienne, marié à Jacqueline-Charlotte Brulart, sœur de la duchesse de Luynes.

Je vous prie de vous souvenir de Mlle de M. pour qui je vous ai parlé avant votre départ. Dites-moi, si vous voyez S., au retour du Roi. La vilaine guerre, on n'entend que des choses tristes et cela ne fait pas bien aux vapeurs. J'étais à Dampierre quand j'ai reçu votre lettre, et l'ai lue avec grand plaisir. Je suis très aise de savoir le Roi en bonne santé. Ma lettre sera courte. Je suis un peu fatiguée de ma course d'hier, je ne suis rentrée qu'à près de trois heures ; je ne puis cependant m'empêcher de vous dire un mot sur la morale que vous avez tirée si juste du petit amusement que mon cher fils s'est donné et qu'il est obligé de quitter. Je désirerais de tout mon cœur que vous eussiez pensé sérieusement cette vérité, nous sommes tous des *belles mignonnes* (1) ambulantes, cela n'est que trop vrai, et ce qui ne l'est pas moins, je vous assure, c'est que jusqu'à ce qui cache la mienne existera, ma façon de penser pour vous sera la même, pourvu que vous ne méritiez pas le contraire.

Ce 27.

Jonchère (2) que bien vous connaissez, m'a priée de lui donner une lettre de recommandation pour vous. Il voudrait servir volontaire dans le régiment de P....., si vous vouliez lui donner

1. La Reine appelait *belle mignonne* une tête de mort qu'elle avait dans son cabinet.

2. Le maréchal de Belle-Isle avait continué sa protection à M. de la Jonchère et à sa famille. Le trésorier La Jonchère, impliqué dans le procès du ministre Le Blanc (1723), avait été mis à la Bastille en même temps que Belle-Isle. (V. *Les Mémoires du duc de Luynes*).

quelque emploi où il pût marquer un zèle et en
même temps avoir de quoi se sustenter un peu,
chère dont il a grand besoin, tout gras que vous
le voyez ; c'est qu'il dissipe fort peu. Cela me
ferait plaisir réellement. Il a beaucoup de courage et de bonne volonté. Voilà ce qui lui a été
inspiré dans son éducation, et si vous voulez le
faire servir, vous verriez que j'y aurais beaucoup
d'honneur. Il y a un siècle que je n'ai reçu de
vos nouvelles à moins de quelque grand événement. Puisque cela est, je vous assure qu'à chaque
conquête je me souviendrai de vous.

Ce 29 juillet

[1744].

Je viens d'apprendre que vous vous étiez
trouvé mal, et que vous avez la goutte. Je vous
demande en grâce, si elle vous permet de m'écrire,
de me mander ce qui en est. Je me flatte que vous
ne doutez pas de l'intérêt que j'y prends.

C'est le Roi qui m'a appris cette nouvelle. Dites
bien à Lafosse (1) comment vous serez demain matin, afin qu'il puisse m'en informer.

Retranchez dans votre lettre, je vous prie,
Madame, Majesté, et *très humble*.

Comme je ne fais quasi que courir par rapport
à mon voisinage, et surtout par la triste santé de
celle qui l'habite et dont je suis très en peine (2), il
y a très longtemps que je ne vous ai écrit, et c'est
à mon grand regret, car votre lettre était charmante. Quand le courrier Moncrif me l'a rendue,
il n'était pas fort haut en couleur ; il était quatre

1. Premier chirurgien de la Reine.
2. La reine de Pologne, alors à Meudon.

heures du matin, on voyait que son teint avait besoin de repos. Je vous remercie de la promesse que vous me faites pour le neveu de mon archevêque ([1]), j'ai grande envie de la voir accomplie. Chalmazel ([2]) m'a priée de vous recommander son fils, et je ne puis m'en dispenser. Comme la Vistule est loin de la guerre, je ne suis point de votre avis, et j'aimerais mieux la fuite du prince Charles que sa défaite, d'autant plus que je ne suis pas plus éblouie que vous du soleil qui nous doit éclairer, et je ne reviens point du changement sur cet article de certaines gens ; d'autant plus que je le trouve humiliant pour les jeunes cervelles.

Ce 10 d'août. — Si vous pouvez faire quelque chose en faveur de la personne dont voici le mémoire, c'est une charité bien placée.

Billet de la duchesse de Villars.

Ce 10 août.

C'est toujours avec le même plaisir que j'envoie les lettres de la Reine à monsieur le comte, et que je lui renouvelle les assurances de ma sincère amitié.

Le pauvre déserteur n'a pas encore la grâce, ayez pitié de lui.

Je suis dans une grande inquiétude de la santé du Roi ([3]), malgré tout ce que vous pouvez me dire. J'attends des nouvelles avec grande impatience. J'ai envoyé hier au soir Saint-Cloud ([4])

1. M. de Saulx.
2. Louis de Talaru, marquis de Chalmazel, né en 1682, premier maître d'hôtel de la Reine en 1735.
3. Le Roi, arrivé à Metz le 4 août, avait reçu, le 7, le comte de Schmettau, envoyé de Frédéric II. La fièvre l'avait saisi le 8 août.
4. Ecuyer de la Reine.

pour en savoir, et je n'ai pas eu le temps de vous
faire réponse par lui. Je reçois dans le moment
votre lettre, qui m'apprend la grâce que le Roi a
faite à M. de Saulx. Vous ne sauriez douter du
plaisir qu'elle me fait, ni du gré que je vous en
sais. Je suis on ne peut plus sensible à toutes les
marques de votre attachement.

Ce 11 d'août
    [1744].

Quoique vous soyez très exact à me donner
des nouvelles du Roi, l'inquiétude où je suis me
fait encore envoyer le courrier qui vous remettra
cette lettre. Vous présenterez celle qui y est
jointe, et assurerez le Roi de la peine où je suis
d'être éloignée de lui, et de l'envie extrême que
j'ai de l'aller trouver. Continuez à me mander
comment il est. Ma pauvre tête s'en va.

Ce 11
    [Août 1744].

Vous ne m'avez pas mandé un mot du R. de P.
(Roi de Prusse). Cela en valait la peine ; mais je
vous le pardonne. Vraisemblablement l'incommodité du Roi vous l'a fait oublier. Cela n'est pas
surprenant.

Votre lettre du 10 que je viens de recevoir m'a
un peu tranquillisée sur l'état de la santé du Roi,
mais ne m'a pas mis hors de toute inquiétude. Ce
ne sera que quand je le saurai sans fièvre absolument. Réitérez-lui mes instances, je suis dans
l'impatience du retour de mes courriers. Continuez à me donner des nouvelles et ne doutez pas
du gré que je vous en sais.

Ce 12
    [Août 1744].

Je suis bien aise que le prince Charles ait envie
de prendre le chemin du Rhin. N'en déplaise à la
gloire, je voudrais qu'il l'eût déjà passé.

Saint-Cloud vient d'arriver, qui a mis un grand
calme dans mon âme par les nouvelles qu'il m'a
apportées ; mais je vous avoue qu'il ne sera parfait que quand je saurai des nouvelles de la nuit
qui les a suivies. Je les attends avec impatience,
peur, espérance, enfin tous sentiments que mon
tendre attachement pour lui m'inspire. Je renvoie encore un courrier, je voudrais en avoir à
toutes les minutes et j'insiste à demander, malgré
le mieux dont Dieu soit loué à jamais, à y aller.
Ne craignez point à demander cette grâce pour
moi. Tôt ou tard on rend justice aux honnêtes
gens. Pour moi, Dieu m'est témoin que je ne
connais que mon devoir, c'est toute ma consolation. C'est la plus sûre et la plus vraie. Mandez-
moi la volonté du Roi. Je lui demande en grâce
de m'accorder celle de l'aller voir. Je ne lui écris
point, de peur de l'importuner. Je vous charge
de lui marquer ma joie sur son meilleur état et
mon désir de le voir.

Ce 14 d'août

[1744].

La duchesse de Luynes au comte d'Argenson.

A Versailles le 14 août 1744.

Votre second courrier du douze, Monsieur, qui
arriva hier à dix heures du soir nous a rendu la vie par
les bonnes nouvelles que vous nous avez mandées de
la santé du Roi. Le mieux et la tranquillité subsistent
depuis quinze heures, mais cela donne lieu d'espérer

que nous sommes à la fin du mal, et que si il y a encore quelques ressentiments, ce sera peu de chose. Le petit mot que j'eus l'honneur de vous écrire hier était si pressé que je n'eus pas le temps de vous faire tous mes remerciements de votre attention à me mander l'état du Roi. Cela me fait grand plaisir, cela me met au fait de l'espèce de nouvelles que je porte à la Reine. Voilà une lettre de S. M. pour vous. Nous attendons avec impatience les nouvelles que nous espérons qui nous confirmeront le mieux. M. de Mirepoix se trouva un peu mal hier chez M. le Dauphin, ce ne fut qu'un étourdissement causé par l'inquiétude qu'il a eu du Roi dans le moment qu'il venait de manger. Cela n'a pas eu de suite, il est retourné chez M. le Dauphin ce matin à l'ordinaire. Personne ne vous honore et n'est, Monsieur, plus parfaitement votre très humble et très obéissante servante.

LA DUCHESSE DE LUYNES (¹).

M. de Saint-Cloud arrive dans le moment qu'on me remet votre lettre dont je vous rends mille grâces, mais il est si fatigué qu'il me laisse encore de la curiosité. Nous remercions M. de M. de sa lettre. M. de Luynes veut que je vous le nomme en particulier, et que je vous fasse mille compliments pour lui. Je ne serai tout à fait contente que quand je saurai qu'il n'y a plus du tout de fièvre.

Je commence à respirer depuis les nouvelles que vous m'avez envoyées du 12 de 3 heures après-midi. Je ne connais point le fard, je ne l'ai pas ôté de mon visage pour en *garder* dans mon cœur ; c'est donc avec cette vérité dont je fais profession que je vous dirai que j'ai été dans un

---

1. Marie Brulart, veuve du marquis de Charost, mariée, en 1732, au duc de Luynes, dame d'honneur de la Reine en 1735, morte en 1763.

état affreux dont à peine je reviens encore. J'attends avec impatience et terreur en même temps les nouvelles, car tant qu'il y aura de la fièvre, je ne serai pas tranquille. M. de Châtillon (¹) me proposa hier d'envoyer Dumoulin (²) ; vous jugez bien, malgré toutes les réflexions que je pouvais faire d'ailleurs sur cet envoi, que j'acceptai la proposition ; celle du bien de la santé du Roi prévalant assurément sur tout, je n'avais garde de la refuser. Après bien des délibérations de M. de Châtillon et du cardinal de Tencin, il fut résolu d'envoyer simplement un courrier au Roi pour lui en demander la permission. Cela fut exécuté. Je n'eus pas le temps de vous écrire, je chargeai votre aîné (³) de vous le mander. Je ne puis vous exprimer combien je suis touchée de toutes vos attentions sur tout ce qui me regarde et qui peut m'inquiéter de toutes les façons. Soyez persuadé que chaque nouvelle preuve que vous me donnez de votre attachement se grave dans mon cœur sans effacer les anciennes ; il est plein de reconnaissance et de désir de vous la marquer, ce sera mon étude continuelle, et cela pour la vie.

Ce 14.

Mme de Talmont (⁴) est au désespoir de ce que son mari n'est point maréchal de camp. Elle m'a demandé de vous en écrire. Je m'en acquitte sans

1. Le duc de Châtillon, gouverneur du Dauphin en 1735, mort le 15 février 1754.

2. Jacques Molin, dit Dumoulin, médecin consultant du Roi.

3. Le marquis d'Argenson, ministre des Affaires étrangères (1744-1747).

4. La princesse de Talmont, née Jablonowska, cousine de la Reine.

pouvoir m'en dispenser ; si la chose peut se réparer, cela me ferait plaisir.

A Monsieur le comte d'Argenson, à Metz.

Je suis à six lieues de Châlons. Je profite du temps que je changerai de chevaux pour vous écrire. Au nom de Dieu, donnez-moi la consolation de le voir, et envoyez-moi vite la réponse. Vous pouvez juger de mon état. Mais Dieu, en qui je mets ma confiance, me soutiendra.

A deux heures,

Je viens de rencontrer votre courrier. Je suis dans la joie. Mais que Dieu soit loué à jamais ! Cela me fait encore plus désirer de le voir. Je vous conjure d'insister.

[Août 1744].

Je vous envoie une lettre pour le Roi qui lui apprendra la mort de sa fille (1). J'en suis très affligée. J'ai ouvert votre paquet, vous ne le trouverez pas mauvais. J'ai voulu savoir les circonstances de ma perte. Ce qui augmente la douleur est une consolation pour un cœur tendre. Ma pauvre enfant est bien heureuse ; je l'envie. Il faut que je souffre encore dans cette triste vie. Mais tant que j'y resterai, vous pouvez compter sur ma façon de penser pour vous. Elle sera invariable.

Ce 3

[Octobre 1744].

1. Madame Sixième, morte à 7 ans, à Fontevrault, le 28 septembre 1744. La Reine était à Lunéville, chez son père, et le Roi occupé au siège de Fribourg.

Je suis en peine de Maman (¹) ; elle a de la
fièvre, et a été saignée. Je vous avoue que si je
la laisse dans cet état quand je partirai, cela
me fera une peine affreuse. Il est bien triste
qu'un voyage qui ne devait que me plaire soit
aussi mêlé d'amertume. La volonté de Dieu soit
faite.

Après avoir fini mes dépêches, le Roi mon père
m'a envoyé le reliquaire que vous trouverez ici,
que l'on a oublié au chevet du lit du Roi (²), que
vous lui remettrez en mains propres. Mandez-moi
comment cela sera reçu. Adieu.

[Octobre 1744].

Je suis bien persuadée du désir que vous aviez
que l'on satisfît le mien, mais les plaisirs, même
les plus innocents, ne sont pas faits pour moi ;
aussi n'en veux-je plus chercher dans ce monde.
Je fonds en vous écrivant, je ne sais pas un mot
de ce que je vous dis, je sens seulement que mon
cœur parle, et qu'il est dans la douleur. Je laisse
ma pauvre mère dans un état pitoyable, vous
connaissez mon tendre attachement pour eux ;
jugez ce que la séparation me coûte. Adieu ;
donnez-moi souvent de vos nouvelles, quand ce
ne serait que de celles de votre épaule. Otez Majesté, sujet et serviteur ; brûlez ma lettre, et
comptez sur moi pour toute ma vie.

Ce 7 octobre

[1744].

1. Catherine Opalinska, mariée en 1698 à Stanislas Leczinski
roi de Pologne, 12 juillet 1704, duc de Lorraine, 18 janvier 1737.
2. A Lunéville.

Je suis très persuadée de tout ce que vous me
dites. Je serais très fâchée d'en douter. C'est une
grande consolation dans les peines d'avoir des
amis qui y prennent part. Je vous remercie de
ce que vous avez retranché, l'hommage des cœurs
est ce qui me plaît davantage. Comme vous avez
vu quelques opéras dans votre vie, vous vous souviendrez que c'est Cybèle qui dit ce que je vous
rends ici. Mais j'ai bien peur de ne vous pas
donner Omphale de sitôt. Suivant le train que
cela prend, il me paraît que nous recommençons
le premier acte de notre tragédie. Je crains qu'elle
ne soit bien longue. Je vous remercie des nouvelles que vous m'avez envoyées. Je voudrais bien
recevoir celle de la prise de Fribourg.

J'ai trouvé en arrivant ici Mme d'Argenson (¹),
j'ai été très aise de la revoir. Donnez-moi de vos
nouvelles souvent, elles me feront grand plaisir.

Ce 16

[Octobre 1744].

Lettre de la duchesse de Villars.

Ce 16 octobre.

J'ai reçu hier la lettre de monsieur le comte. La
Reine en a été enchantée. J'ai cru qu'elle aurait un
bon succès, c'est pour cette raison que je lui ai fait
lire. Voici une lettre de sa main, et un mémoire que
monsieur m'a demandé quand je lui ai parlé de cette
affaire. Je le supplie d'être persuadé de mon sincère
attachement.

1. Anne Larcher, fille de Pierre, seigneur de Pocancy, conseiller
au Parlement de Paris, née le 6 mars 1706, mariée le 24 mars 1719
au comte d'Argenson.

Je suis bien affligée, mon pauvre Cadet, je viens de m'apercevoir d'une chose dont je me doutais il y a longtemps, mais je viens d'en avoir la certitude entière, c'est que je n'ai pas le sens commun. La lettre que je vous ai envoyée, j'ai été deux heures à l'écrire, et encore est-elle très mal. Je vois bien que quand le cœur ne me dicte rien, je ferais aussi bien de rester dans le silence. Enfin rendez-moi cette froide épître, et soyez persuadé que je n'ai nulle peine à vous écrire.

Ce 17 octobre.

Je suis dans une ignorance parfaite du siège (¹). Où en sommes-nous ? Je voudrais bien qu'il fût fini ; j'ai peur que le temps qu'il fait ne dérange la santé du Roi.

Billet de la duchesse de Villars.

A Versailles ce 17 octobre.

Ne soyez pas importuné de recevoir si souvent de mes lettres, ce n'est pas ma faute, la Reine me charge de vous envoyer les siennes, et je ne peux m'empêcher de vous faire souvenir de mon sincère attachement.

Je suis, grâce à Dieu, pleinement rassurée sur la santé du Roi, mais comme il n'y a rien de si intéressant, je voudrais que vous m'en mandassiez tous les jours des nouvelles. Je crains que vous ne me traitiez comme la morale. Je trouve ma chère compagne un peu triste, je m'en servirai pour chasser les mouches. Quand on a un bon esprit, on fait bon usage de tout. Adieu, moi et la morale nous nous recommandons à votre sou-

1. Le siège de Fribourg. La place se rendait le 8 novembre 1744.

venir, et nous nous offrons à remplir le vide de vos journées. Car quoiqu'en disent les physiciens, il y en a toujours.

Ce 28

[Octobre 1744].

[De la main du comte d'Argenson : rép. le 6 nov. 1744].

Je suis dans mon tort, et mon très grand tort. Je me repens de ma dernière lettre. J'en ai reçu deux de vous qui m'ont fait sentir que je ferais très bien de me corriger de ma vivacité. Ce qui me console, c'est que vous ne sauriez vous en fâcher. Je vous remercie de ce que vous avez fait pour Chabrié et de ce que vous me dites sur le mémoire que je vous avais envoyé par Mme d'Argenson, laquelle prouve par son assiduité l'envie qu'elle a de me plaire, et je vous assure qu'elle réussit très bien, je ne suis point ingrate. Je suis très fâchée de la levée du siège de Coni (¹), mais je ne me consolerais point s'il en arrivait autant à Fribourg. Pardonnez-moi si je ne crois pas ce que vous dites sur cela. Je ne puis me persuader malgré l'expérience qu'il y ait des monstres dans le monde, je serais outrée d'en avoir une aussi forte preuve. Continuez à m'écrire comme vous faites. La peine que vous dites que vous avez à vous y accoutumer n'est qu'une tentation, qui provient d'un goût pour les choses défendues. Ce sont des mouches.

Ce 31

[Octobre 1744].

1. Malgré la victoire du prince de Conti à la Madonna del Olmo (30 septembre 1744).

J'aurais bien envie de vous gronder, je n'ai pas reçu un mot de vous depuis Fribourg, et si je suis encore du temps sans en avoir, je me fâcherai tout de bon jusqu'à donner mauvais visage à Moncrif (¹). Mais comme la colère, quand elle éclate ne dure pas, surtout la mienne, je prendrai un autre parti, qui sera de la nourrir dans un profond silence que je conserverai même à votre retour. Il faut essayer de tout et je m'en vais le commencer en finissant ma lettre.

Ce 20.

Je suis très fâchée, pour première de vos nouvelles, d'apprendre un accès de goutte, dont Papette (²) m'a instruite. Elle m'a assurée que votre guérison spirituelle et temporelle serait un des principaux objets de ses vœux et prières. Je désirerais fort que son père (³) fût déjà de retour. Je n'ai pas d'impatience de nouvelles militaires ; je n'aime point la petite marche que vous allez faire, elle m'inquiète. Vous allez, selon votre louable habitude, vous moquer de moi, mais je voudrais qu'il pût être possible que la campagne se passât en négociations et que le Roi nous apportât la paix. Adieu, Monsieur le comte, tâchez de vous défaire de cette vilaine goutte ; j'en

---

1. François-Augustin Paradis de Moncrif, né en 1687, lecteur de la Reine, membre de l'Académie française, mort en 1770.

« Cette plaisanterie sur le visage de Moncrif se renouvelle sans cesse : il a bon ou mauvais teint, suivant que la Reine est de bonne ou de mauvaise humeur. » (*Mémoires du marquis d'Argenson*, édition Jannet, note de l'éditeur).

2. Surnom de la duchesse de Villars dans le cercle de la Reine.

3. Le maréchal de Noailles, père de la duchesse de Villars.

apprendrai la guérison avec grand plaisir, aussi bien que Papette, car il y a une grande uniformité de façon de penser entre nous.

Ce 7 mai

[1745].

J'ai remis ma lettre trop tard à Papette, la poste était partie. Je l'ai envoyée chercher pour vous épargner la peine d'en écrire deux. Papette m'a rendu compte de ce que vous lui mandez. Je suis très fâchée de la continuation de la goutte, et très édifiée de votre patience, à laquelle Papette et moi vous exhortons. J'espère apprendre votre guérison, ce ne sera jamais aussi tôt que je la désire. J'aurais bien envie d'ajouter un peu de morale. Quoique je n'aie guère de mémoire, je me rappelle que vous me mandâtes l'année passée que c'était une belle chose quand on n'avait rien de mieux à faire. Je ne conviens pas de cette manière, elle est, au contraire, plus nécessaire à gens fort occupés ; mais il est vrai que la solitude donne plus de temps d'y penser, et comme je suis dans ce cas, je m'en vais en faire toute mon étude, vis-à-vis ma belle mignonne.

Ce 8. — Je vous remercie de la bonne nouvelle que vous me mandez, je désire qu'elle soit vraie.

Billet de la duchesse de Villars.

Ce 8 mai (1745).

Papette est bien fâchée de savoir monsieur le comte dans la souffrance. Elle espère que le beau temps lui rendra une santé parfaite, et le délivrera de ses douleurs. Ce sont les vœux de Papette.

Vous pouvez aisément juger de ma joie (¹).
Elle est à l'excès. Le Roi en bonne santé, comblé
de gloire ; mon fils se portant bien et ayant, à ce
que l'on m'assure, marqué une très grande tranquillité et même gaîté au milieu des coups de
canon ; une victoire remportée ; c'est de quoi
tourner une pauvre tête comme la mienne. Aussi
l'est-elle. Je ne voudrais pas pour toute chose au
monde que mon fils n'y eût pas été. Je reçois
votre compliment de tout mon cœur. J'aurais
bien désiré qu'il ne nous en ait pas coûté ce
pauvre duc de Gramont que je regrette beaucoup. C'est une perte que le Roi fait. Adieu. Je
suis très persuadée de votre attachement. Soyez
sûr que j'y suis très sensible.

Ce 13 mai

[1745].

Votre courrier d'avant-hier m'a fait grand
plaisir. J'étais dans l'impatience de son arrivée,
d'autant plus que j'avais vu une lettre où l'on
mandait que les ennemis pourraient revenir le
lendemain (²). Ainsi jugez de l'effet que cette
nouvelle pouvait me faire. Je ne crois pas à présent que cette envie leur puisse prendre. Aussi
suis-je très tranquille hors sur la fin du siège (³)
que je voudrais déjà savoir. J'ai reçu ce matin la
liste que vous m'envoyez et en ai fait l'usage que
vous me prescrivez. Elle est bien forte. Je re-

1. La Reine venait d'apprendre la victoire de Fontenoy (11 mai
1745).
2. Le lendemain de la bataille de Fontenoy.
3. De Tournay.

gretto de tout mon cœur le pauvre duc de Gramont, et en général cette lecture est affreuse. Je
suis dans l'admiration sans surprise du Roi, non
sans horreur encore du risque que lui et son fils
ont couru, enchantée de ce que vous me dites de
ce pauvre enfant. Mandez-moi s'il a aussi bien
marqué un bon cœur que son courage. Ne me
flattez pas, quoique je serais bien fâchée d'en
douter, mais je serais ravie d'en avoir la certitude. Adieu, Moncrif a très bon visage.

Ce 13

[Mai 1745].

La duchesse de Luynes au comte d'Argenson.

A Versailles le 14 mai 1745.

J'ai remis à la Reine, Monsieur, votre lettre dans
le moment que votre courrier me l'a portée hier à
dix heures du soir. S. M. a eu la bonté de nous faire
part des détails que vous lui marquez, qui augmentent
notre joie d'une action aussi glorieuse pour le Roi et
Mgr le Dauphin. Vous y avez trop d'intérêt pour que
je ne vous en fasse pas tous mes compliments. Vous
n'en recevrez point de plus sincères, ni de personne
qui vous honore plus parfaitement et qui soit avec
plus de dévouement, Monsieur, votre très humble et
très obéissante servante.

LA DUCHESSE DE LUYNES.

Voulez-vous bien recevoir aussi toute la joie et les
compliments de M. de Luynes dans cette occasion.

Je vous renvoie votre courrier. J'attends avec
bien de l'impatience celui qui m'apportera la nouvelle de la fin du siège, après quoi les *anonimes* (¹)

1. Les *Anonymes* sont les lettres non signées que la Reine écri-

recommenceront. De quelque façon que ce soit, ce sera toujours avec les mêmes sentiments et auxquels il n'y aura jamais que Cadet qui puisse nuire.

Ce 16.

Je vous envoie une lettre pour mon fils. Qu'en pensez-vous à présent ? Et quand avec fort peu de modestie je vous disais qu'il était charmant, avais-je tort ? Vous me connaissez ; ainsi vous ne serez pas surpris du sentiment dont je vous fais part. Je suis plus flattée aujourd'hui d'être femme du Roi et mère de mon fils, que d'être la Reine. N'en dites jamais mot, mais j'aime le premier à la folie.

[De la main du comte d'Argenson : Rép. le 21 mai 1745].

Jamais réveil n'a été plus agréable que le mien hier, par l'arrivée du page du Roi. Je voudrais bien que ce fût la fin de la campagne et de la guerre. Je reçois votre compliment avec grand plaisir. Je suis charmée de la bonté que le Roi a eue pour la pauvre femme pour qui je vous avais envoyé un placet et vous en remercie. Qu'est-ce que nous allons faire à présent ? Si vous pouviez me répondre *revenir*, cela serait charmant ; mais je ne m'en flatte pas. De quoi vous pouvez être sûr, c'est que vous serez très bien reçu. Adieu.

Ce 22 (¹).

vait au comte d'Argenson, et qui lui étaient adressées par la duchesse de Villars ou par la duchesse de Luynes.

1. Mai 1745. Prise de Tournay, après la bataille de Fontenoy. Tournay se rendit le 23 mai, et la citadelle le 24 juin.

Depuis la lettre que je vous écrivis hier, j'en ai reçu une de la pauvre Mme de Tonnerre qui est dans un état pitoyable. Elle me prie de vous recommander M. de Lannion en cas que l'on fasse une promotion séparée de celle de l'armée du Roi. Il est pénétré de douleur de ne pouvoir servir ; vous savez que ce n'est point sa faute, et d'être oublié l'augmenterait beaucoup. Vous savez aussi l'intérêt bien réel que je prends à la famille de mon pauvre maréchal et que je prendrai toute ma vie, et mon amitié pour sa sœur. Ainsi, si cela est possible, vous me ferez un plaisir sensible et vous m'avez toujours fait voir que vous étiez bien aise d'en trouver les occasions, et je vous assure que je ne suis point ingrate.

Ce 24.

[De la main du comte d'Argenson : Rép. le 30 mai 1745].

Je reçois avec grand plaisir le compliment que vous me faites sur la prise de Tournay. Je me flatte d'en apprendre autant de la citadelle dans quelques jours d'ici. L'*anonime* ne m'a été rendue qu'après le page arrivé ; comme elle en était l'avant-coureur, je n'ai point de réponse à y faire, j'ai appris la nouvelle par la main respectable. Je tais les sentiments qu'elle m'inspire, il faut s'en tenir à ceux de l'admiration qui ne peuvent jamais déplaire. Adieu, Cadet, les véritables et les *anonimes* me font la différence de ma chambre ou de mon cabinet et vous savez comme je suis à mon aise avec mes pagodes.

Ce 25

[Mai 1745].

Je ne vous dirai pas de votre femme ce que je vous en ai dit l'année passée, car je ne la vois guère. Je viens de recevoir dans le moment la capitulation, j'attendais le retour du courrier hollandais avec bien de l'impatience.

Préparez-vous à du galimatias, cela ne vous surprendra, mais vous prouvera que je ne suis point changée. Commençons d'abord par le sérieux. Je suis très affligée de la réponse des Etats-Généraux (1), elle est très malhonnête ; j'espère qu'elle sera telle plus pour eux que pour nous. Quoique vous ne soyez pas bon prophète, je me flatte que cela ne sera même pas si long que le terme que vous y mettez. Je n'ai point montré la petite liste, pas même à M. de Gesvres que je vis hier ; je n'ai même fait voir la grande que parce que j'ai vu dans le bulletin qu'elle était publique. Je vous remercie de l'attention que vous avez eue à me l'envoyer, et encore plus du peu d'empressement que vous avez eu à satisfaire ma curiosité. Je réponds à votre silence par un autre silence amer et profond ; il n'est pas assez naturel pour n'être pas éloquent. Je suis même sûre que le vôtre vous peine et le mien m'étouffe. Je vous prie de faire l'usage de ma lettre que ma cousine veut que l'on fasse de son corps ; comme les choses singulières ne s'oublient pas, vous devez avoir retenu celle-là. Je vous suis on ne peut plus

1. Le marquis d'Argenson avait fait suivre la victoire de Fontenoy d'une proposition de paix : « *Au moment d'une victoire si complète,* » disait-il, « *les Pays-Bas ouverts par des conquêtes presque assurées, offrir la paix par des moyens si sincères est le trait d'un héros et d'un législateur.* »

obligée de la promesse que vous me faites pour M. de Lannion, c'est la seule consolation dans la perte que j'ai faite de mon pauvre maréchal (¹) de contribuer à ce qui lui aurait fait plaisir s'il existait encore ; il priera Dieu pour vous. Je suis bien fâchée de ce que vous souffrez, vous me feriez plaisir de me mander de vos nouvelles. Je me flatte que la saignée fera un bon effet. Puisqu'il est question de maux, je vous fais part aussi que très sérieusement je me crois la goutte. Je n'en suis point encore aux airs de ....., je les laisse aux impertinents ; comme vous ne l'êtes point, je doute que vous les ayez adoptés. L'attention que l'on a eue pour mon papa me fait autant plaisir que l'oubli m'avait fait de peine. J'aime mieux m'en prendre à vous, de vous gronder du moins me soulage. Je vous fais mon compliment sur la grâce que le Roi a faite à votre fils (²), soyez persuadé de l'intérêt que je prends à ce qui vous regarde. Je vous dirais très gracieusement, mais très sincèrement que je suis très contente de vous. Je vous retrouve, cela me plaît ; j'ai été pendant quelque temps sans entendre trop parler de vous et je m'en suis plainte, sur quoi Moncrif m'a donné la requête que je joins ici. Lisez-la, et soyez bien sûr que les *bons* y sont mis de tout mon cœur.

Ce 2 juin. — Parlez-moi toujours de mon enfant. Dites-m'en du bien, mais dites la vérité.

[De la main du comte d'Argenson : Rép. le 7 juin 1745].

1. Le maréchal de Nangis.
2. Le marquis de Voyer. Brigadier le 1ᵉʳ mai 1745, lieutenant-général au gouvernement d'Alsace la même année.

Billet de la duchesse de Villars.

Ce 2 juin (1745).

Papette est très contente que M. le comte de la Vauguyon soit maréchal de camp. Elle supplie M. le comte d'Argenson ([1]) de lui faire mander s'il a bien voulu se ressouvenir dans la promotion des chevaliers de Saint-Louis du pauvre chevalier de Champagni, capitaine dans le régiment de Bigorre, qui l'a bien mérité par ses services. Papette assure monsieur le comte de son sincère attachement.

Je ne puis refuser à Mme de Luynes qui m'a priée de vous écrire en faveur de M. de Brienne son petit-neveu ([2]) pour qu'il puisse avoir un régiment. Comme il doit y en avoir beaucoup de vacants par la promotion qui vient de se faire, elle espère de pouvoir en obtenir un. Si cela se peut, vous me ferez plaisir. Il est jour de la Pentecôte, je n'ai pas le temps de vous en dire davantage. Adieu.

[De la main du comte d'Argenson : Rép. le 12 juin 1745].

1. A. de Quelen, né en 1706, lieutenant-général en 1748, gouverneur du duc de Bourgogne et duc de la Vauguyon en 1758.

2. On lit dans les *Mémoires du duc de Luynes* (juin 1745) : « *La Reine, sans attendre aucune prière, dit d'elle-même qu'elle écrirait à M. d'Argenson pour M. de Brienne, et quatre jours après sans qu'on lui en eût reparlé depuis, elle dit à Mme de Brienne qu'elle avait écrit comme elle lui avait promis.*

« *...S. M. eut la bonté de lui dire tous ses regrets de ce que son fils aîné n'avait point eu de régiment à cette promotion-ci et de ce que sa recommandation ne lui avait pas été aussi utile qu'elle l'aurait désiré. Elle ajouta qu'elle ne se rebuterait point et qu'il y aurait sûrement une augmentation à la promotion, et qu'elle solliciterait de nouveau avec grand plaisir.* »

Billet de la duchesse de Villars.

Ce 1ᵉʳ juin (1745).

Voici la meilleure œuvre que M. le comte puisse faire ; Dieu l'en récompensera, s'il pouvait la connaître comme moi, je suis sûre qu'il ne balancerait pas un moment. Papette en aura la plus vive reconnaissance ; elle assure monsieur le comte de son sincère attachement.

[De la main du comte d'Argenson : Il s'agit d'un milicien. J'ai renvoyé le mémoire à Després].

Je désire fort que l'espérance que vous me donnez d'un prompt retour se réalise. Je vous remercie de ce que vous avez fait pour Jonchère. Je trouve tout le contraire de ce que vous en pensez. Il me paraît qu'il s'est fortifié dans tout ce qu'il promettait. Ma dame d'honneur (¹) m'a priée de vous recommander son petit-neveu pour un régiment (²) ; très sincèrement je vous assure que cela me fera plaisir. Je n'ai pas le temps de vous en dire davantage, j'en suis fâchée. Adieu.

Ce 7.

Rien ne me fait plus de plaisir que ce que vous me mandez de mon fils, j'ajouterai un *Laudate* au *Te Deum*. Je voudrais bien que la prise de la citadelle (³) y fût comprise ; elle m'ennuie beaucoup, d'autant plus que vous ne m'annoncez pas

1. La duchesse de Luynes.
2. M. de Brienne. Sa grand-mère, Jacqueline-Charlotte Brulart, comtesse de Brienne, sœur aînée de la duchesse de Luynes, était morte en 1743.
3. De Tournay.

une trop prompte fin. Revenons à mon fils ; je ne
suis point alarmée du tout de sa coquetterie, tout
au contraire ; chacun très injustement juge des
autres par soi-même, c'est ce qui fait la différence
de votre décision et de la mienne sur cet article.
Il faut plaire à tous et en aimer peu, mais aimer
beaucoup ceux que l'on aime, voilà ma maxime.
Tournez-la de quelque côté que vous vouliez,
même de la morale, ce que j'ai en vue principale-
ment, vous trouverez que j'ai raison ; par conséquent je suis très contente de mon fils, sachant
d'ailleurs qu'il est très capable d'amitié. Je vous
remercie de ce que vous me mandez pour M. de
Lannion ; sa pauvre belle-mère est toujours dans
un état pitoyable (1). A l'égard de Moncrif, il
aurait l'air de tomber en apoplexie par le ver-
millon de son visage, si sa vivacité ne rassurait.
C'est avec une grande satisfaction que je l'em-
bellis, et de bonne foi vous en devez être persuadé.

Ce 10

[Juin 1745].

[De la main du comte d'Argenson : Rép. le 14 juin 1745].

Je suis très aise de la nouvelle que vous me
mandez, et on ne peut plus contente de vous.
Malgré mon extrême confiance en M. de Gesvres,
je ferai un généreux effort sur moi-même et tâcherai de garder ce secret-là. Je ne puis me dispenser de vous parler en faveur du fils de M. de
Donges (2) ; sa mère me l'a demandé, c'est le

1. Mme de Tonnerre.
2. Mme de Donges (Blanzac), de la maison de La Rochefoucauld

neveu de mon pauvre maréchal (¹) ; il n'y a rien
qui me tienne tant à cœur que tout ce qui le
regarde, mon cœur est attaché à tout ce qui en
reste. Je vous remercie de ce que vous voulez
vous acquitter de la commission que je vous ai
donnée pour votre femme. Réellement, je suis
touchée de l'attachement qu'elle me marque ; je
ne puis pourtant vous taire que je ferais l'échange
volontiers.

Ce 15 juin

[1745].

On dit que votre besogne sera beaucoup plus
difficile que la première, cela me fait peur.

J'ai couru grand danger hier. J'ai pensé brûler
par le feu du canon, il est vrai que ce n'était que
dans une expérience de physique. Je n'ai pas
laissé d'avoir peur, le feu a presque pris à mon
panier.

Ma lettre est presque illisible, mais je me dé-
pêche beaucoup.

La duchesse de Villars au comte d'Argenson.

A Versailles ce 15 juin (1745).

Votre lettre est charmante, Monsieur, elle m'a fait
un sensible plaisir que je renferme en moi-même. Ne
soyez pas en peine, je vous supplie, je sais me taire.
Je juge par vos lettres que votre tête n'a pas besoin
d'un grand secours pour devenir bonne ; aussi vous

de Roye, était la sœur de la comtesse de Tonnerre (morte en octobre 1745). Sa fille, Mme de Champagne, devint dame de la Dauphine. La fille de Mme de Tonnerre avait épousé M. de Lannion.

1. Le maréchal de Nangis, chevalier d'honneur de la Reine.

en avez demandé un très faible. Tel qu'il est, il ne
vous sera pas refusé, j'ajouterai : qu'il soit aussi saint
qu'il est aimable. Mon attachement est trop véritable pour ne pas vous désirer le seul bonheur.

Je ne devais vous parler que de ma reconnaissance
dans cette lettre, mais je ne peux me dispenser de vous
faire ressouvenir de M. de Bellefonds pour un régiment. Il sert depuis longtemps avec l'approbation de
tous les généraux sous lesquels il a servi, c'est un parent de M. le maréchal de Villars. Il mérite de toutes
façons les grâces du Roi et vos bontés. Je vous les
demande, et je partagerai bien vivement sa reconnaissance.

Je savais dès hier le drapeau blanc arboré (¹).
Je vous remercie de ne m'en avoir rien dit dans
votre lettre ; cela m'en a attiré une autre, et j'en
suis ravie. Je ne me soucie pas du tout que les
ennemis se fassent battre une seconde fois. Je
suis une bonne femme et ne veux de mal à personne. Je désire que le Roi revienne, et que la
paix se fasse. Ce n'est point moi qui ai donné le
conseil de se coucher à neuf heures, mais j'en suis
bien aise. Je me suis un peu plus occupée de choses
plus graves. Je suis très aise du bien que vous en
dites. N'allez pas croire que c'est une petite vanité que je me donne. Tout le bien ne vient pas
de moi. J'ai dit ce que je pensais ; mais rendant
les choses aussi mal, elles ne sauraient faire d'impression. Je n'ai point fait voyager la *belle mignonne* (²) ; je n'ai point trouvé d'endroit pour la
placer, et je craignais de déranger ses attraits.
Comme elle est fort délicate, la moindre chute

1. Capitulation de la citadelle de Tournay.
2. La tête de mort.

pourrait la déranger, et je veux que vous la re-
trouviez avec tous ses charmes.

Pour moi certainement ce sera aussi la même
amitié.

Ce 27

[Juin 4745].

Vous êtes charmant, Cadet, de m'avoir mandé
des nouvelles du Roi. Dieu soit loué de sa bonne
santé et la lui conserve. J'ai reçu vos deux lettres
du même jour et je suis bien sensible à votre
attention, car je sens très bien qu'elle pourrait
être convenable, sans être aussi exacte. Soyez
bien sûr que je discerne très bien le devoir et
l'amitié. Je suis contente en Reine du 1er et on
ne peut plus touchée du dernier. Je suis ravie de
l'espoir que vous me donnez ; je serais très aise
de revoir le Roi de retour de ses lauriers, en bonne
santé. Mon Dieu, quelle satisfaction ne sentirai-je
pas d'embrasser mon enfant, surtout si je ne
trouve point de changement dans le caractère !
Je vous parle vrai, il y a des liaisons qui me font
peine. Adieu, cher Cadet, je vous assure que je ne
serais pas fâchée de me retrouver avec vous. Si jo
ne craignais les mouches (¹), je vous en dirais
davantage. A propos, j'ai 42 ans (¹), cela est im-
posant.

Ce 27

[Juin 1745].

1. *Mouches* s'entend pour lubies, divagations. Ce terme se retrouve dans plusieurs lettres de la Reine. (*Mémoires du marquis
d'Argenson*, note de l'éditeur, 1858).

2. La Reine, née le 23 juin 1703, avait 42 ans en juin 1745.

Je vous demande en grâce de m'écrire souvent, de ne point attendre les événements ; cela me fera plaisir. Mes lettres sont très capables d'ennuyer. Prenez cela en esprit de pénitence, vous y aurez du mérite.

Billet de la duchesse de Villars.

Papette continue à marquer sa joie à monsieur le comte sur la rapidité des conquêtes du Roi, et à lui renouveler les assurances de son sincère attachement.

La Reine et moi avons reçu toutes deux vos lettres. La Reine est très contente des bonnes nouvelles qu'elle a reçues, et recevra ce matin les ambassadeurs avec grand plaisir, surtout celui de Hollande [1] et M. de Stainville [2]. Je n'ai pas trop loué ce petit sentiment en elle, mais on est homme sur le trône, comme partout ailleurs. Je vous ai tant parlé de cette maussade Reine que j'en suis lasse ; parlons de moi, de ce que je pense, mais de peur que ce moi ne vous ennuie aussi, je vous dirai en deux mots que je suis à la joie de mon cœur, et que je trouve effectivement que si M. de B. [3] y était, on ne ferait pas mieux. Il y aurait sa présence de plus, à la vérité, mais comme je ne saurais sentir ce plaisir-là de loin, je suis très satisfaite de tout ce qui s'est fait. Recevez mon compliment sur votre fils. Je suis bien

1. Van Hoey, ambassadeur des Etats-Généraux des Provinces-Unies.

2. François-Joseph de Choiseul, ministre plénipotentiaire du duc de Lorraine devenu grand-duc de Toscane.

3. M. de Belle-Isle (?)

aise de ce que vous me dites du mien. Il y a choses cependant que je voudrais qui ne fussent pas. J'espère que l'hiver les refroidira. Je suis bien aise que vous soyez content des concombres. Adieu.

Ce 14. — Je suis bien fâchée de la mort de votre nièce (1).

[Juillet 1745].

Le Roi m'a mandé lui-même son indisposition. J'espère avec la grâce de Dieu qu'il n'en est plus question ; cependant je ne puis qu'en avoir de l'inquiétude jusqu'à que j'aie reçu des nouvelles de la guérison parfaite. Cela a beaucoup diminué ma joie de la prise d'Oudenarde (2) ; le plus fort l'emporte, cela est tout simple. Adieu, mon pauvre Cadet, je voudrais bien, malgré toute la bonne besogne que vous faites, que la campagne fût finie. Je vous assure que je vous reverrai avec grand plaisir et vous serez mieux reçu que l'année passée.

Ce 24

[Juillet 1745].

Billet de la duchesse de Villars.

[Juillet 1745].

La lettre de monsieur le comte est charmante, mais il faut qu'il apporte du petit cordon pour être bien reçu de Papette. On nous flatte que le retour est prochain ; vous devez être content de cette campagne. Papette assure monsieur le comte de son sincère attachement.

1. La marquise de Paulmy (Mlle d'Angé).

2. La nouvelle de la capitulation d'Oudenarde arriva le 23 (*Mémoires de Luynes*).

Après avoir lu et relu votre lettre, je sens que je n'aurais de réponse à y faire qu'un *Te Deum*. Mais comme cela ne serait que pieux, mais point honnête pour vous, et trop parfait pour moi, je m'humilie et vous assure que je me priverais d'un grand plaisir. Je vous remercie de m'avoir rassurée sur la crainte d'une seconde bataille. En voilà bien assez, mais il est toujours sage de prendre des précautions, et je suis fort aise qu'elles soient prises, quoique avec espérance de l'inutilité. Je ne puis m'empêcher en passant de vous donner un petit conseil, que quand vous voudrez citer quelques passages de l'Écriture, *de prendre la peine de la lire* auparavant pour plus de sûreté. Je suis persuadée que vous avez trop d'amitié pour l'*anonime* pour vouloir la tromper. Ainsi vous pouvez croire aisément de sa joie des éloges que vous faites à l'égard de la préférence. Je vous répondrais : « le monde entre nous, il faut qu'il y soit tout entier, car je ne trouve pas l'espace qui nous sépare suffisant. » Je voudrais bien que ce nigaud de Cadet ne comprit pas cela ; cela me divertirait. Je voudrais bien aussi que vous ne laissassiez pas pâlir ce pauvre Moncrif. Je m'en vais lui remettre un peu de rouge aujourd'hui ; je n'ose aller jusqu'à celui de Portugal. Il n'en a encore qu'en poudre, vous me ferez un sensible plaisir de me donner lieu de l'augmenter ; j'aurais une grande satisfaction d'en faire une furie.

Ce 23.

Les femmes sont curieuses. Vous me ferez un grand plaisir de me mander quand le régiment des

Gardes sera donné. Celui à qui le Roi fera cette
grâce... (*deux lignes rayées*).

Voilà une belle rature.

Si je voulais, je serais fâchée contre vous. Mon
papa mériterait, il me semble, que vous lui eussiez
envoyé un courrier après la bataille. Mais je ne
le suis point, je me contente simplement de vous
faire part de ma remarque.

Billet de la duchesse de Villars.

Papette supplie Monsieur le comte d'être persuadé
de son sincère attachement.

Je ne vous dirai que deux mots aujourd'hui,
que je suis très touchée de l'attention que vous
avez eue de m'envoyer la liste, mais que j'aurais
été fort aise d'y voir gens dont vous savez si bien
faire l'éloge. Adieu.

Ce 9.

J'ai bien envie d'en ajouter un troisième, mais
comme je suis exacte à ma parole, je le détache
de ma lettre, que je suis très contente de vous,
et honni soit qui mal y pense, que je vous aime
de tout mon cœur.

[1745].

J'ai attendu votre lettre avec impatience, et
par une suite nécessaire, je l'ai reçue avec plaisir ; je suis très aise que vous me rassuriez sur ce
que l'on va faire. Comme je ne paye pas de ma
personne, je suis très poltronne de loin. Cependant comme le Roi ne s'est point mis en marche
pour prendre l'air, je suis très légitimement cu-

rieuse d'apprendre où elle aboutira. Rien n'est si
agréable que de recevoir pendant la campagne
une belle épître du ministre de la Guerre qui parle
de jeu et de comédie ; rien de si rassurant, mais
comme tout est entre les mains de Dieu, je lui
demande de nous préserver de tragédie. Je suis
bien aise que mon fils s'amuse, pourvu que ce
soit innocemment ; pour être innocent, il me
paraît qu'il ne l'est pas, et je suis rassurée sur ce
dernier article, et j'espère le premier. Il ne tient
qu'à vous. Je vous proteste que Moncrif a un
teint comme s'il avait été à la fontaine de Jou-
vence, mais si je ne reçois pas plus souvent de vos
nouvelles, il deviendra feuille-morte, et je vous
assure que ce serait tant pis pour vous. Donnez-
vous un peu d'ennui parmi les occupations. Adieu.

Billet de la duchesse de Villars.

Ce 29..... (1745).

Recevez les remerciements de Papette, Monsieur le
comte ; vous avez fait une bonne œuvre, en accordant
le congé de mon milicien, vous en serez sûrement ré-
compensé. Je vous souhaite tous les bonheurs que
vous méritez, vous connaissez trop mes sentiments
pour en douter.

Que Dieu soit loué de la bonne nouvelle du Roi
de Prusse, et nous fasse la grâce enfin de nous
donner la paix (¹). Ceci a l'air d'une prière au lieu
d'une lettre, mais que cela ne vous fasse pas peur,

1. Les victoires de Frédéric II à Friedberg et à Kesseldorf
devaient aboutir au traité de Dresde (25 décembre 1745).

cela ne durera pas. Ce n'est pas que je n'aie
bonne envie de ne plus remplir ma tête que de
bonnes choses, mais elle ne suit pas mon intention, il s'en glisse beaucoup d'autres ; c'est ce qui
fait que j'ai trouvé votre extrait de harangues
fort beau sans y ajouter foi et sans la moindre
petite vanité. Je vous assure que T. (¹) n'en entendra point parler. Il me semble qu'il lit actuellement par dessus mon épaule et qu'il dit : j'en
sais bien d'autres. Je l'entends, et cela me donne
la peau de poule. Parlons sérieusement si je le
puis, et pour ce fait je vais à la dame d'honneur
comme à ce qu'il y a de plus grave. Je suis véritablement fâchée que son neveu n'ait point de
régiment, j'espère que vous réparerez cela quand
vous pourrez, et cela m'adoucit en attendant car
je vous assure que je l'aime ; tâchez de le croire.
Je suis bien aise de toutes façons de ne vous avoir
point trompé, ou pour mieux dire de ne m'être
point trompée. Mais même quand je vous assu-
rais que mon fils était charmant, répétez-le moi
toujours, et vous ne m'ennuierez sûrement pas.
Je vous remercie de ce que vous me rassurez sur
les inquiétudes que je pourrais avoir qu'il n'y eût
une seconde bataille. Je vous avoue que je n'étais
pas fort tranquille, mais je vous en crois sur parole, et je pense que la victoire du roi de Prusse
la rendra certaine. Dieu merci, ils ne sont pas
dans le train de réussir. Je finis par où j'ai commencé, la paix est l'objet de mes désirs. Adieu,
Cadet, écrivez-moi souvent. Vos lettres, outre
qu'elles me font plaisir, me divertissent. J'ai bien

1. Peut-être Tressan.

peur que les miennes ne vous fassent un effet
contraire. Quand cela est, épargnez l'esprit en
faveur du cœur.

Ce 14.

[De la main du comte d'Argenson : Rép. le 19].

Billet de la duchesse de Villars.

.A Versailles ce 14.

Je supplie Monsieur le comte de recevoir les assurances de la joie et de l'attachement de Papette.

Mme de Tonnerre vient de m'envoyer le mémoire que je joins ici en faveur de M. de Lannion. Il serait superflu de vous dire l'intérêt que
j'y prends, par conséquent vous devez être sûr
de la reconnaissance que j'aurai de la réussite.
Il y a un peu de temps que je n'ai reçu de vos
nouvelles. Adieu.

Ce 29.

[1745].

Une pauvre dame amie intime de Sainte Thé-
rèse, mais si pauvre qu'elle est absolument hors
d'état d'envoyer aucun secours aux filles de cette
grande sainte qui sont dans la ville de Tournay
dans une extrême nécessité, elle prie très pres-
samment Monseigneur le comte d'Argenson de
se souvenir d'un placet que le Roi lui a renvoyé.

Cette bonne œuvre méritera à Monseigneur le
comte toutes sortes de prospérités temporelles et
obtiendra le désir des spirituelles. La pauvre dame
joindra ses vœux à ceux des saintes filles qu'elle

recommande, et afin qu'ils soient plus efficaces, elle promet d'en chasser toutes mouches un peu importunes.

[1745].

Billet de la duchesse de Villars.

Ce 20 août.

Monsieur le comte est en train de faire de bonnes œuvres ; Mlle Nodin vient d'en ressentir les effets. Je partage bien vivement sa reconnaissance. Je n'ose joindre ma faible recommandation au placet que je lui envoie. Je le supplie d'être persuadé de mon sincère attachement.

Le croirez-vous quand je vous dirai que votre lettre m'a fait un plaisir sensible. Je crois qu'oui, vous me connaissez. Je suis vraie, et je n'aurais pas de peine à vous persuader, pourvu que ce ne soit pas du mauvais côté, car vous y avez bien du penchant. Ce que je désire infiniment c'est que vous le soyez entièrement de ma façon de penser pour vous, elle est une et invariable.

Ce 4 juillet.

Je vous demande en grâce que je puisse dire quelque chose de consolant à mon archevêque (¹). Il est pénétré et cela me fait un mal horrible. Vous savez que je l'aime et effectivement son neveu a eu de ses cadets avancés. Il a bien fait, et même a été blessé, ce qui a fait qu'il n'a pu se trouver à la seconde affaire.

1. Nicolas-Charles de Tavannes, né en 1690, archevêque de Rouen en 1733, grand aumônier de la Reine en 1743, cardinal en 1756. Il était l'oncle de M. de Saulx.

Billet de la duchesse de Villars.

Il faut avouer que Monsieur le comte est bien aimable. Je le supplie d'être persuadé de ma vive reconnaissance et de ma sincère amitié.

A Versailles ce 4 juillet.

Il m'est impossible de résister au placet que je vous envoie. Tâchez de sauver la vie à ce pauvre malheureux (¹), cela vous portera bonheur, allongera la vôtre et peut-être vous en fera faire bon usage. Les bonnes œuvres attirent des grâces, il n'y en a point, ni de spirituelles, ni de temporelles, que je ne vous souhaite. Amen.

Ce 6 juillet.

Billet de la duchesse de Villars.

A Versailles ce 6 juillet.

La Reine me charge d'envoyer cette lettre à Monsieur le comte, c'est pour une bonne œuvre. Je connais trop sa charité pour douter de sa réponse. Je le supplie de recevoir les assurances de mon sincère attachement.

Je voudrais de deux choses l'une : ou savoir bien écrire, ou que vous puissiez lire dans mon cœur pour y voir combien je suis sensible à l'attachement que vous me marquez. Suppléez à mon ignorance par votre pénétration ; je suis très aise que vous ayez été mécontent de ma dernière lettre, quoique c'est sans dessein que je l'ai écrite, de vous faire de la peine. Il faudrait que je fusse de très mauvaise humeur, mais autant qu'il m'en

1. Il s'agissait d'un déserteur. Les déserteurs n'avaient la vie sauve que dans le cas où, après leur arrestation, le Roi les rencontrait sur son passage.

souvient j'avais ce jour-là beaucoup de vapeurs et T. à voir ; cela n'adoucit pas le style. C'est avec une exacte vérité que je vous assure que je serais ravie si l'arrière petit-neveu de ma dame d'honneur obtient un régiment. Il n'y a rien que ces pauvres gens ne fassent pour me plaire, et vous savez que je ne suis pas ingrate. A l'égard de mes compagnies, je sens vivement votre attention et par conséquent j'en suis très touchée. M. le baron de Montmorency (¹) m'a demandé en prenant congé de moi de m'intéresser pour que la sienne pût tomber à son fils. Je lui ai promis de vous en écrire et je l'exécute, j'ai donné ma parole de demander l'autre pour M. de Droménil, et je m'en acquitte. D'ailleurs personne n'est plus soumis aux ordres du Roi, comme de raison, que moi. Si cela peut être, cela me fera grand plaisir. J'ai bien peur que le premier ne soit un peu jeune ; pour l'autre j'en serais véritablement bien aise, beaucoup de gens m'en ont parlé. Puisque vous êtes si fidèle à vos devoirs, vous savez bien qu'il faut aimer ses maîtres. J'espère que vous ne manquerez pas à ce précepte, mais joignez-y celui d'aimer qui vous aime.

Ce 14.

Je vous promets que vous serez reçu mieux que l'année passée, et j'ai grande impatience de vous revoir. Il n'y a pas de parterre plus fleuri que le visage de Moncrif, mais aussi il n'y a rien de plus aimable que Cadet.

[1745].

1. Anne-Léon, baron de Montmorency, né en 1705, lieutenant-général en 1748, chevalier d'honneur de Mesdames Henriette et Adélaïde en 1750.

Tâchez de vous tromper toujours dans vos
lettres, puisque cela m'en a attiré une dont j'aurais été privée, mais le plaisir qu'elle m'a fait est
comme tous ceux de ce monde, mêlé de trouble.
J'espérais qu'après la prise de Dendermonde le
Roi laisserait faire celui d'Ostende et reviendrait.
Au moins, il me semble que c'est à peu près ce
que vous me mandiez il y a quelque temps et je
vois mon espérance détruite, et je crains de nouvelles alarmes pour nous. Et voici ce que je crains,
que vous ne vous approchiez d'Ostende en cas
que les ennemis voulussent en empêcher le siège ;
par conséquent je n'ai pas tort d'être inquiète,
mais je n'en dis rien. Peut-être que mon raison-
nement n'a pas le sens commun, je suis très portée
à le croire, et dans cette occasion-ci je le désire ;
il est tiré de mon inquiétude, et je serais très aise
de savoir que vous vous en êtes moqué. Mon
amour-propre n'en sera pas blessé du tout. Adieu,
soyez pour moi comme les sots.

Ce 17.

[1745].

J'ai été ravie d'apprendre la prise d'Ostende (¹).
J'espère qu'il n'y a plus que peu de chose à ajouter à une campagne aussi glorieuse, et que j'aurai
bientôt le plaisir de voir le Roi et mon fils de retour, je le désire beaucoup. Savez-vous bien que
je suis fâchée contre vous ? Vous ne vous en
doutez pas, je ne m'en doutais pas non plus moi-
même, c'est une réflexion qui m'est venue tout

1. Cette place n'a capitulé que le 3 septembre 1745.

d'un coup. Vous ne répondez jamais à ce que je vous écris : il est vrai, car je suis juste, que souvent cela n'en vaut pas la peine, mais pour le présent il me serait nécessaire de savoir à quoi m'en tenir pour mes gendarmes et mes chevau-légers, si ceux que j'ai proposés sont acceptés, sinon, du moins l'un des deux, il y a un M. du Guesclin qui désirerait en avoir une, ce n'est qu'au cas que les premiers soient refusés. Adieu, Cadet, je serai enchantée de vous revoir.

Ce 27

[Août 1745].

[De la main du comte d'Argenson : Rép. le 31 août 1745].

C'est bien de l'importunité, j'en conviens, prenez-vous en à mon peu de mémoire. Je ne sais si vous avez parlé au Roi pour la pension de feue Mme de Choiseul en faveur de son fils. Comme je compte faire réponse demain à Mme de Choiseul (¹) qui est à la Reine, je désirerais pouvoir mander quelque chose de positif. Si cela peut être, vous me ferez plaisir.

Ce n'est point ma main, c'est mon cœur qui vous présente ce mémoire. Il faudrait y lire pour voir l'intérêt qu'il y prend ; cela ne s'exprime point, mais cela se sent. Ainsi jugez du plaisir de la réussite. Si elle est possible, je sens encore que Cadet ne me refusera pas.

1. Henriette-Charlotte de Bassompierre, dame du palais de la reine de Pologne, mariée en 1728 à Charles-Marie de Choiseul, seigneur d'Aillecourt.

Je viens de lâcher un mot au Roi de l'histoire
du pauvre déserteur. Il ne m'a pas paru éloigné
du tout de lui faire grâce, il dépend de vous de
la lui faire accorder, il ne dépend pas du tout de
moi de ne vous le pas demander. Ne me refusez
pas, j'ai été très bien reçue. Ainsi je m'en prendrai à vous et je serais bien fâchée d'avoir jamais
rien à vous reprocher. Cela me fait mal à penser.

Je suis très sensible à la lettre que je viens de
recevoir de vous, que je ne prends point pour
compliment, car je vous crois très fâché, et vous
devez l'être. Le Roi perd un bon sujet, très honnête homme, très zélé pour son service et très
attaché à sa personne. Je perds un ami, chose
rare dans ce monde. Je puis vous assurer que ce
malheur vous est commun avec moi par l'amitié
que je lui connaissais pour vous. C'est ainsi que
tout passe, songeons-y bien. La matière est
propre aux réflexions ; elles ne m'ôtent pas le
sentiment de reconnaissance que je vous dois de
la façon dont vous avez agi dans cette triste occasion. J'aurai encore beaucoup de remerciements
à vous faire pour ceux que j'ai reçus, de choses
que je vous avais recommandées ; mais le plus
fort emporte le plus faible. Adieu, Monsieur le
comte.

Ce 29 juillet.

Le président (¹) est ici, il est très affligé, je lui
en sais bon gré.

Chalmazel m'a priée de vous recommander son

1. Le président Hénault. — Cette lettre semble s'appliquer à
la mort de M. de Boufflers, et, dans ce cas, serait de 1747.

fils (¹) pour un régiment. Cela me fera grand plaisir si cela peut être. Soyez persuadé que ce n'est pas une fin de lettre, mais que je suis bien aise de cette occasion pour vous assurer de la façon dont je pense pour vous.

Ce 1ᵉʳ novembre.

Je suis au désespoir que des importuns m'obligent de vous faire souvenir que je ne suis encore qu'une fort vilaine tête et non mignonne. Mais tout importuns qu'ils sont, vous me ferez plaisir, si vous vous souciez de m'en faire, de prêter quelque attention aux placets que je vous envoie, et de me faire réponse.

Si je n'étais douloureusement affligée de la sottise que j'ai faite et dont je vais vous rendre compte, je ne vous écrirais point aujourd'hui, m'étant couchée à six heures du matin et n'en pouvant plus par conséquent. Voici le fait, la liste de la promotion était hier entre les mains de tout le monde, je n'avais pas dit un mot de la mienne ; je trouvai M. de Gesvres à la porte de Paris, qui en parla aux dames qui étaient avec moi, et me demanda si j'en avais une. Comme je vis que ce n'était point un mystère, je dis qu'oui, il me la demanda et je la lui donnai. En rentrant ici, je trouvais votre lettre, c'est la première qui m'ait fait de la peine à recevoir. J'ai été outrée ; péché avoué moitié pardonné, j'en ai même fait pénitence, car de colère contre moi, je m'en suis

1. César-Marie de Talaru, né en 1725, reçu en survivance de la charge de premier maître-d'hôtel de la Reine en 1746, brigadier d'infanterie en 1748.

endormie plus tard que je n'aurais fait. Voilà un récit fidèle, je vous en demande l'absolution, soyez un ..... indulgent, car le repentir est grand.

Ce 10. — Je vous prie de me mander toujours si vous recevez mes lettres.

Un régiment pour M. de Roquépine.

[1746].

Billet de la duchesse de Villars.

Je suis aussi surprise qu'affligée de ne voir pas le nom de mon frère (¹) sur la liste. Il l'aurait été s'il en avait porté la nouvelle. Je ne sais ce que j'écris, j'ai mon grand mal de tête, aussi je finis promptement ma lettre.

Billet de la duchesse de Villars.

Ma lettre d'hier n'avait pas le sens commun, j'avais mon grand mal de tête. Pensez au comte de Noailles, je vous supplie, et à mon sincère attachement.

J'ai oublié ce matin de vous dire que M. le Nonce (²) m'a priée de vous parler en faveur d'un officier hollandais qui est ici prisonnier et qui désire de changer de religion et entrer au service du Roi. Il espère que vous voudrez l'employer, mais c'est un secret que vous garderez, parce que cet homme est actuellement dans les troupes hollandaises qu'il veut quitter auparavant que de se convertir, et si l'ambassadeur venait à le savoir, cela lui ferait des affaires dans son pays, et

1. Philippe, comte de Noailles, second fils du maréchal, né en 1715, lieutenant-général le 10 mai 1748.

2. Durini, archevêque de Rhodes, ambassadeur de Benoît XIV.

le priverait du peu qu'il y peut avoir. Je suis bien fâchée d'importuner une pauvre patte malade, je lui demande de me donner de ses nouvelles ; je recommande le pauvre malade à la raison et la raison à Dieu. Je crois la dernière recommandation la plus nécessaire.

Le griffonnage est grand, mais on m'a avertie pour le grand couvert.

[De la main du comte d'Argenson : Rép. le 20 novembre 1746].

Je vous remercie du compliment que vous me faites sur la victoire que le Roi vient de remporter (¹). Ma joie est grande, elle aurait été complète si mon fils s'y était trouvé. Ce qui m'en console, c'est qu'il pense de même. Je désire de tout mon cœur que l'augure que vous faites de ces heureux événements s'accomplisse. Votre courrier n'est pas arrivé avec les détails. Je voudrais bien qu'ils ne fussent pas affligeants pour les particuliers ; malheureusement on ne peut pas s'en flatter. Je me suis acquittée de vos commissions pour mes enfants. Adieu, Monsieur le comte, portez-vous bien.

Ce 5 juillet

[1747].

Je suis très aise qu'il ne soit rien arrivé à votre fils.

L'on ne peut être plus sensible et plus touchée que je le suis, Monsieur le comte, de toutes les

1. Bataille de Lawfeld (2 juillet 1747), à laquelle le comte d'Argenson assistait avec le Roi.

attentions que vous avez pour les recommandations que je vous ai faites. Les détails seraient
trop longs, ainsi contentez-vous en général d'un
simple remerciement, qui ne l'est cependant que
par la difficulté que j'aurais à vous l'exprimer.
A l'égard des papiers que Moncrif m'a remis au
sujet du parent de mon contrôleur, s'il y a la
moindre injustice, je m'en désiste. Je laisse l'affaire à votre prudence, la confiance que j'ai dans
votre attachement est cause que je vous tourmente sans cesse. Vous me connaissez assez pour
savoir que la mort de mes amis ne fait pas mourir
les sentiments que j'avais pour eux et que je
m'intéresse toujours pour tout ce qui leur appartient. C'est la seule consolation après celle de
la religion que je trouve. C'est ce qui me porte
aujourd'hui à vous parler en faveur de M. de
Lannion. Il a fait des merveilles à Gênes ; le
pauvre M. de Boufflers (¹) en a été très content.
Je me flatte que s'il y a des promotions après la
malheureuse affaire qui vient de se passer (²),
qu'il ne sera pas oublié. Vous trouverez ma lettre
bien longue, mais j'ai bien des choses à vous dire.
Souvenez-vous d'un régiment pour le petit de
Choiseul. J'ai des vapeurs à mourir, cela n'est pas
bien surprenant ; outre ma peine particulière de
ne voir que des gens affligés d'être toujours dans
l'inquiétude des événements, ne point voir de
jour à la paix ; mais tout au contraire, cela met

1. Joseph-Marie, duc de Boufflers, né en 1706, mort commandant à Gênes, le 2 juillet 1747.

2. L'attaque malheureuse tentée par Belle-Isle au col de l'As-
siette contre le roi de Sardaigne.

la mort dans l'âme. Je souhaite d'apprendre de bonnes nouvelles de votre santé, c'est de tout mon cœur que je la désire excellente. Papette a un grand mal de tête, ainsi ce sera Moncrif qui vous enverra ce triste galimatias. Je me sens pénétrée, et si je laisse aller mes vapeurs leur triste tocsin, vous recevrez un lugubre volume. Ainsi de peur de tomber dans cet inconvénient, je finis au plus vite (').

Ce 29 juillet.

[De la main du comte d'Argenson : Rép. le 2 août 1747].

1. Les *Mémoires* du duc de Luynes signalent, durant toutes ces années, les conversations de la Reine avec le Ministre de la guerre, *très longues et très fréquentes*, en quelque lieu qu'elle se trouve. Parfois M. de Maurepas ne parvient pas à être reçu, la Reine n'ayant plus le temps.

« La grande politique, » dit M. de Nolhac, « serait apportée chez la Reine, si elle ne s'en défendait prudemment, par un homme en qui elle a pleine confiance, le comte d'Argenson... On le voit pourtant fort désintéressé dans son dévouement pour la Reine..... Celle-ci l'attire chez elle, le retient pendant des heures..... (*Louis XV et Marie Leczinska*).

LE ROI DE POLOGNE AU COMTE D'ARGENSON

Monsieur, l'idée agréable que vous m'avez laissée de votre chère personne me rend votre souvenir bien sensible dont vous venez de me donner des marques par votre lettre très obligeante (¹). Je vous assure que le plaisir de votre connaissance m'a fait naître un désir bien ardent que vous accomplissez par les assurances que vous me donnez de votre amitié. Je m'estimerais très heureux, si je puis trouver des occasions à la conserver, et vous convaincre avec combien d'estime je suis votre très affectionné

STANISLAS ROI (²).

A Wissembourg, le 7 de janvier 1725.

1. Le roi de Pologne et sa famille, exilés à Wissembourg, y avaient connu le comte d'Argenson lors de son voyage à Rastadt ; le comte avait été chargé de négocier le mariage de la princesse de Bade avec le duc d'Orléans.

2. Stanislas Leczinski, comte de Lesno, palatin de Posnanie, élu roi de Pologne 12 juillet 1704, détrôné par Auguste II, élu pour la seconde fois le 11 septembre 1733, duc de Lorraine et de Bar 18 janvier 1737. (Né le 20 octobre 1677, mort à Lunéville le 23 février 1766).

Monsieur, je reçois avec plaisir les marques
d'attachement que vous me donnez, et de la part
que vous voulez prendre à mon heureux événement (¹). Je vous en fais mille remerciements et
vous assure qu'étant sensible à ce que vous me
témoignez en cette rencontre, j'aurai une satisfaction très accomplie de vous faire connaître
dans les occasions l'estime particulière avec laquelle je suis, Monsieur, votre très affectionné,

STANISLAS ROI.

Wissembourg, le 8 de juin 1725.

Monsieur, j'ai reçu votre lettre, que vous
m'avez fait le plaisir de m'écrire à l'occasion de la
nouvelle année. Je trouve dans l'assurance de la
continuation de votre amitié un de mes désirs
accomplis, puisque vous êtes, j'espère, persuadé
combien je souhaite me la conserver. Soyez-le de
même, je vous prie, que je ferai toujours consister
ma satisfaction en tout ce qui pourra vous rendre
heureux et content. J'attends avec impatience le
temps auquel vous me faites espérer le plaisir de
vous voir ici. Embrassez de ma part, je vous prie,
M. de Blois (²). Je ne saurais vous dire combien je

1. Le 27 mai 1725, Louis XV avait déclaré son mariage avec
Marie Leczinska.

2. Jean-François-Paul Le Fèvre de Caumartin, évêque de Blois
(7 juillet 1720), membre de l'Académie française, honoraire de
l'Académie des Inscriptions. Il était l'oncle du comte d'Argenson.

suis sensible de me pouvoir flatter de son amitié.
Soyez assuré de la mienne, avec laquelle je suis
votre très affectionné,

STANISLAS ROI.

A Chambord, le 5e janvier 1726 ([1]).

Je vous prie de témoigner ma reconnaissance à
M. le duc d'Orléans aussi bien qu'à S. A. R. et à
Mme la duchesse d'Orléans des portraits qu'ils
m'ont promis. Je souhaite de pouvoir juger de la
ressemblance au plus tôt de celui de S. A. R. par
l'empressement que j'ai de la connaître.

Monsieur, voici la lettre pour la Reine que je
lui écris dans le sens que je vous ai dit, et dans
laquelle je l'assure de votre inviolable attachement. Vous me ferez un plaisir sensible de me procurer les portraits de S. A. R. Mme la duchesse
d'Orléans douairière ([2]), de M. le duc d'Orléans ([3]),
de Mme la duchesse la jeune ([4]) et de Mlle de
Beaujolais ([5]). S'il se peut, je les souhaiterais de
la même grandeur et de la hauteur jusqu'aux genoux, la largeur en proportion ; je vous en serais
très obligé. Au reste j'espère qu'au premier

1. Le roi Stanislas et sa famille résidèrent à Chambord de 1725
à 1733.

2. Mlle de Blois, fille légitimée de Louis XIV et de Mme de Mon-
tespan, mariée en 1692, morte en 1749.

3. Louis, duc d'Orléans, fils du Régent et de Mlle de Blois, né
en 1703, mort en 1752.

4. Auguste-Marie-Jeanne, princesse de Bade, mariée au duc
d'Orléans en 1724, morte le 8 août 1726.

5. Philippe-Elisabeth d'Orléans (Mlle de Beaujolais), fille du
Régent et de Mlle de Blois, née en 1714, morte en 1734.

voyage j'aurai le plaisir de vous posséder plus
longtemps, ce qui m'est très sensible toutes les
fois que je peux vous assurer avec combien d'estime et d'amitié je suis parfaitement votre très
affectionné,

STANISLAS ROI.

A Chambord, le 5e de mai 1726.

Monsieur, j'ai reçu votre lettre qui m'a fait un
vrai plaisir en apprenant celui que vous avez eu
d'être content de la Reine et de la justice qu'elle
rend à vos mérites. Je vous suis bien obligé du
soin que vous prenez de me faire avoir les portraits de M. le duc d'Orléans et de sa famille.
Puisque vous voulez en savoir la grandeur, je voudrais qu'ils fussent de cinq pieds de hauteur et
de trois de largeur. Je suis très sensible au plaisir
que vous me voulez procurer que je laisse à vos
soins, vous assurant que je suis avec toute l'amitié possible, votre très affectionné,

STANISLAS ROI.

Bien des compliments, je vous prie, à mon cher
évêque (1).

A Chambord, le 19 de mai 1726.

Je ne suis qu'aujourd'hui en état à cause de la
faiblesse qui me reste de répondre à votre chère
lettre et vous remercier du souvenir des tableaux.
Il n'est question d'aucune forme, pourvu que j'aie
le plaisir de les avoir, et s'il se peut celui de Son

1. L'évêque de Blois (Caumartin).

Altesse Royale ([1]), ayant une vénération particulière pour l'original. Au reste je suis sensible comme
je dois à la part que vous prenez à mon rétablissement. Le Seigneur m'a encore conservé pour vous
prouver par toutes les occasions combien je suis
de tout mon cœur votre très affectionné,

STANISLAS ROI.

Le 29 de juillet 1727 à Saint-Dié.

Je n'attends point votre arrivée que vous me
faites espérer pour vous assurer de la reconnaissance avec laquelle je reçois le compliment que
vous me faites sur notre heur eux événement ([2]).
Mon empressement à partager ma joie avec vous
ne se peut différer par le plaisir que j'ai d'être bien
persuadé de la part que vous prenez à ce qui intéresse celui qui est de tout son cœur votre très
affectionné,

STANISLAS ROI.

A Menars, le 9 de septembre 1729.

La Reine de Pologne au comte d'Argenson.

Monsieur, après toutes les preuves d'amitié que
nous avons reçues de vous, j'aurais tort de ne pas
distinguer celle que vous me témoignez d'avoir eu
autant de joie que vous dites de l'événement arrivé en Pologne en notre faveur ([3]). Je vous prie

1. La duchesse d'Orléans (Mlle de Blois).
2. La naissance du Dauphin, le 4 septembre 1729.
3. Stanislas Leczinski avait été élu roi de Pologne pour la seconde fois, le 11 septembre 1733.

d'être aussi persuadé de ma reconnaissance que je suis, Monsieur, votre très affectionnée,

CATHERINE.

Le Roi de Pologne au comte d'Argenson.

Je commence cette année avec la satisfaction que m'ont donnée les précédentes par la douceur de votre chère amitié dont vous me donnez des nouvelles assurances. Soyez, je vous prie, persuadé de l'empressement que j'aurai toute ma vie à me la conserver, et à vous prouver celle avec laquelle je suis de tout mon cœur,

Votre très-affectionné,

STANISLAS ROI.

A Lunéville, le 5 de janvier 1741.

Si j'ai goûté les années passées la douceur de votre chère amitié, c'est avec un plaisir bien sensible que je commence celle-ci par les assurances de sa continuation. Je vous prie d'être persuadé que je la mériterai toujours par un vif empressement que j'aurai à vous prouver en toute occasion combien je suis de tout mon cœur votre très-affectionné,

STANISLAS ROI.

A Lunéville, le 9 de janvier 1742.

Monsieur, il y a longtemps que je désire l'heureux moment qui me donne l'occasion de vous féliciter, ce que je vous ai souhaité depuis que j'ai

le plaisir de vous connaître (¹). Enfin je me vois
au comble de mes souhaits en apprenant la grâce
que le Roi vient de vous faire en rendant justice
à votre mérite. Je me flatte que vous connaissez
assez mes sentiments pour être persuadé de la
part la plus vive que j'y prends. Ma joie ne se
peut comparer qu'à la parfaite amitié avec laquelle je suis de tout mon cœur votre très-affectionné,

STANISLAS ROI.

La Reine partage avec moi la satisfaction de
cet événement et me prie de vous en bien assurer.

A Lunéville, le 31 d'août 1742.

Depuis la nouvelle du décès de M. de Breteuil (²) j'ai prévenu par mes vœux les plus ardents
l'heureux accomplissement qui les a suivis. Je
partage bien sincèrement votre satisfaction, car
si la justice que le Roi rend à votre mérite comble
vos désirs, ma joie est parfaite que vous rendez
encore bien plus sensible par la part que vous me
faites dans les premiers moments de cet heureux
événement (³). Il ne me reste qu'à continuer mes
vœux pour que le Seigneur seconde votre zèle dans
vos travaux pour le bien de l'Etat. Il semble par

1. Le comte d'Argenson venait d'être nommé ministre d'Etat
le 25 août 1742.

2. François-Victor Le Tonnelier, marquis de Breteuil, intendant de Limoges en 1718, ministre de la Guerre en 1723, mort
subitement à Issy le 7 janvier 1743.

3. Le comte d'Argenson venait d'être nommé ministre et secré-
tai^{re} d'Etat de la Guerre, le 8 janvier 1743.

les circonstances où il se trouve qu'il soit réservé
à votre ministère d'en assurer la prospérité. Vos
talents que j'ai le bonheur de connaître m'en ré-
pondent, autant que mon inviolable amitié vous
doit être garante que je suis de tout mon cœur
votre très-affectionné,

STANISLAS ROI.

A Lunéville, le 15 de janvier 1743.

Comme dans l'exercice de votre ministère vous
aurez beaucoup de relations avec cette province,
je vous prie d'accorder votre conflance à M. de la
Galaizière et de compter sur son zèle, sa capacité
et son exactitude à exécuter vos ordres jointe au
désir qu'il m'a particulièrement témoigné d'avoir
de mériter votre amitié.

Jusqu'à présent, mon cher comte, je n'ai eu
que l'agréable soin de cultiver votre chère amitié.
Depuis que vous êtes en place, je me vois indis-
pensablement obligé à me prêter aux sollicitations
qui me peuvent rendre importun. Mais je ne le
serai pas, si vous voulez vous mettre à votre aise
comme je vous en prie, c'est en ne considérant
toutes les demandes que je suis forcé de vous faire
que dans la vue de votre équité, et selon la portée
du mérite de ceux qui sollicitent les grâces. Il me
suffira que vous me fassiez réponse sur les mémoires que je vous présente, soit par écrit ou de
bouche à M. Hulin qui m'en rendra compte, pour
que je puisse satisfaire ceux qui ont confiance à
mes recommandations, les uns par ce qu'il plaira
au Roi de leur accorder, et les autres par des

bonnes raisons pour attendre ses grâces avec patience. La seule chose qui me tient à cœur et qu'il m'a paru quand j'ai eu le plaisir de vous en parler que vous ne désapprouverez pas, c'est le second bataillon pour le Régiment des Gardes Lorraines dont je vous prie de vous souvenir en temps et lieu. Pour épargner vos précieux moments, j'ai préféré de vous écrire celle-çi plutôt que de vous en parler, ce qui aurait demandé du temps. Ainsi, je ne vous demanderai qu'un moment avant que je parte pour vous embrasser, vous demander la continuation de votre chère amitié, et vous assurer que je suis de tout mon cœur votre très-affectionné,

Stanislas Roi.

A Trianon, le 25 d'avril 1743.

J'espère, mon cher comte, que vous vous souviendrez qu'à mon voyage de ce printemps à la Cour je vous ai bien prié de demander la grâce au Roi pour l'augmentation d'un bataillon des Gardes Lorraines quand le cas du service du Roi le demanderait. Comme je crois qu'il existe actuellement par la création des nouveaux bataillons, je vous prie que le Régiment des Gardes de Lorraine soit du nombre de ceux qui doivent avoir un bataillon de plus. Je suis sûr que vous êtes instruit de la bonne volonté et de l'exactitude avec laquelle ce régiment fait le service, et à vous dire vrai je voudrais que tous les Lorrains soient sous les drapeaux pour que l'honneur de servir le Roi les rende bons Français. Comme ceux-là le sont déjà,

je vous assure, qui composent ce corps, je suis
persuadé que vous en sentez la nécessité et que
vous n'épargnerez pas vos soins pour obliger en
cette occasion celui qui est de tout son cœur votre
très-affectionné,   STANISLAS ROI.

A Lunéville, le 27 d'août 1743.

M. le bailli de Thiange vous rendra compte de
sa mission, de ma situation, et de l'idée que j'ai
qui me la pourrait rendre tranquille dans l'agitation où se trouve ce pays à l'approche des ennemis
et depuis les courses qu'ils ont commencé de faire.
Je vous prie de me procurer là-dessus quelle est la
volonté du Roi et de donner votre attention pour
ce qui me regarde dans les circonstances présentes.
J'attends avec impatience la résolution pour la
suivre et pour vous marquer la reconnaissance
que je vous devrai en cette occasion, rien n'éga-
lant la parfaite amitié avec laquelle je suis de tout
mon cœur votre très-affectionné,

STANISLAS ROI.

A Lunéville, le 29 d'août 1743.

Tel circonspect que je suis, mon cher comte, à
ne vous pas accabler de mes lettres, je ne saurais
me dispenser de vous dire un mot sur celle que
vous m'avez fait le plaisir de m'écrire au sujet des
milices lorraines. Je ne sais ce qui a pu donner
l'impression contre eux, car outre que les officiers
m'en font une toute contraire par leurs assurances,
il est certain que je suis témoin de la fidélité en
général du peuple lorrain qui dans la présente cir-

constance la marque avec joie et obéissance dans tout ce qu'on leur ordonne de laborieux. M. de la Galaizière qui en fait le détail doit rendre compte comme ils supportent les charges et le dérangement de leurs économies sans murmurer. Nous connaissons quelques particuliers parmi la noblesse et les moines et qu'il faudra punir en temps et lieu qui rendent le pays suspect, et qui, je vous assure, en général ne l'est pas. Ainsi si leur fidélité pouvant se manifester peut faire revenir le Roi sur les impressions qu'on lui fait, je vous prie de ne pas rejeter l'objet du second bataillon, ce qui me servira, je vous assure, à entretenir le pays dans l'attachement que je lui inspire pour la France. Et quant au régiment de Croix, si vous avez eu raison de l'éloigner de ces frontières, je crois que ce sera assez à Besançon, et j'ose vous prier de demander la grâce au Roi de faire changer leur marche pour Languedoc où ils se croiront au bout du monde. Au reste, il me paraît que le prince Charles est rebuté d'une seconde tentative du passage du Rhin après la première échouée, puisque jusqu'à présent nous n'entendons parler de rien. J'espère que la bonne disposition de nos généraux le dégoûtera tout à fait de ces entreprises. Je fais les vœux ardents pour que le Seigneur seconde vos travaux qui doivent ne vous pas donner un moment de relâche, mais qui j'espère procureront à la fin la tranquillité publique. Rien n'égale la parfaite amitié avec laquelle je suis de tout mon cœur votre très-affectionné,

STANISLAS ROI.

A Nancy, le 13 de septembre 1743.

Je reçus, mon très cher comte, par M. de la Galaizière (¹) votre lettre à laquelle je n'ai que des remerciements à vous faire pour les attentions que vous avez à ce qui m'intéresse, et à vous renouveler avec le commencement de l'année les assurances de mon inviolable amitié. Je ne saurais voir écouler les années sans me rappeler la douceur de celles auxquelles j'ai reçu tant des marques de la vôtre. Les vœux jusqu'à présent pour votre bonheur que j'ai faits en qualité de votre ami, je les fais encore en bon citoyen français, puisque celui de l'Etat est attaché à votre personne et auquel vous travaillez si dignement. Je prie le Seigneur bien ardemment pour qu'il bénisse vos travaux à la satisfaction publique, et particulièrement de celui qui est de tout son cœur votre très affectionné,

STANISLAS ROI.

A Lunéville, le 5 de janvier 1744.

Vous savez, mon cher comte, tout ce qui m'intéresse à M. le prince de Talmont (²), outre ce que son mérite personnel peut prétendre. Je me flatte que ces deux motifs vous rendent favorable pour qu'il ne soit point oublié dans la prochaine promotion. Je reconnaîtrai cette grâce du Roi et votre coopération comme je le dois, et mettrai au nombre infini de mes obligations cette nouvelle

1. Chancelier du duché de Lorraine depuis 1737.
2. Anne-Charles-Frédéric de La Trémoïlle. La famille de sa femme (princesse Jablonowska) était alliée aux Leczinski.

marque de votre amitié, personne n'étant plus
que je le suis de tout mon cœur votre très-affectionné.

STANISLAS ROI.

A Lunéville, le 5 de mars 1744.

Vous me trouvez partout sur votre chemin,
mon cher comte. Je devrais pourtant ménager vos
précieux moments que vous employez si utilement
et surtout faisant la campagne, mais je ne saurais
me refuser à l'appréhension du prince de Beauvau (¹) qui craint qu'il n'y ait une promotion pour
l'armée d'Italie et qu'il n'en soit point du nombre,
ne s'étant pas trouvé à l'attaque des retranchements de Mont-Alban. Personne ne sait mieux les
raisons que vous qui ont retardé son arrivée à
l'armée plus tôt. Les soins qu'il s'est donné en ma
présence pour faire partir le bataillon des Gardes
Lorraines en bon état l'ont empêché de joindre
plus tôt le régiment de Perche. J'avoue qu'avec le
zèle qu'il a pour le service, il serait douloureux de
lui voir préférer ses cadets ; ainsi j'engage votre
chère amitié pour lui procurer cette grâce en cas
de promotion, et je me flatte que le Roi ne me la
refusera pas, m'intéressant infiniment pour mon
colonel qui est un très digne sujet. Je vous embrasse. Je ne cesse point à faire des vœux bien
ardents pour l'heureux succès de la campagne, et
suis de tout mon cœur votre très affectionné,

STANISLAS ROI.

A Lunéville, le 15 de mai 1744.

1. Charles-Just, prince de Beauvau, né en 1720, colonel des

Je crois, mon cher comte, vous informer de mes allures depuis que les ennemis se sont trouvés en état d'envahir la Lorraine (¹) par les courses de leurs partis, pour que le Roi en ait connaissance. Comme il ne me convenait pas de rester à Lunéville pour être exposé à des visites si désagréables, j'ai voulu me transporter à Nancy. Mais n'ayant qu'un bataillon de milice à peine suffisant pour garder le circuit d'une si grande ville, je n'ai pas non plus jugé à propos de m'enfermer avec une bourgeoisie extrêmement nombreuse qui non par infidélité mais peut-être saisis de peur à la vue des ennemis auraient pu étant les plus forts leur ouvrir les portes, j'ai pris le parti de me retirer pour quelques jours à Metz, en laissant toute ma maison à Lunéville, sans ôter rien de tout ce qui y est pendant que je l'habite. Le maréchal de ma Cour, Mechek, a jugé à propos pour savoir à quoi s'en tenir de se servir d'un homme qui a élevé le prince Charles et qui est établi à Lunéville, en l'obligeant d'écrire au prince Charles que dans la persuasion qu'on aurait de laconsidération pour les endroits de mes séjours, lui mon maréchal restait à Lunéville, sans ôter rien de ce qui est contenu pendant que j'y suis. Sur quoi le prince Charles a répondu à son homme qui l'a élevé nommé Charvet par une lettre dont je joins la copie. J'ai donné mon agrément à cette mission, sachant l'intention du Roi de l'année passée, suivant laquelle j'avais envoyé

Gardes Lorraines en 1742, maréchal de France en 1783, mort en 1793.

1. Le prince Charles, à la tête d'une armée autrichienne, avait passé le Rhin et envahi l'Alsace (juillet 1744).

à M. le duc d'Arenberg pour faire des représentations sur l'invasion d'un de leurs officiers, Men-
zel (¹), en Lorraine. Je suis fort surpris de la poli-
tesse avec laquelle M. le prince Charles s'explique
dans sa lettre. Mais je crois que c'est déjà le premier effet de la marche du Roi pour ce pays qui
dérange les projets des ennemis et qu'ils n'auront
pas le temps de maîtriser en Lorraine sur laquelle
ils avaient des grandes vues avant que de savoir le
puissant secours qui nous vient. J'attends l'arrivée
ici de M. le duc d'Harcourt (¹) pour me transporter
à Nancy incessamment, et attendre avec bien
d'impatience le bonheur de voir le Roi à son passage, et à cette occasion vous assurer combien je
suis de tout mon cœur votre affectionné,

STANISLAS ROI.

A Metz, le 21 de juillet 1744.

Je vous rends mille grâces, mon cher comte, de
l'agréable nouvelle que vous m'avez annoncée de
l'arrivée du Roi que j'attends avec impatience, et
avec un plaisir sensible à cette occasion de vous
embrasser et vous assurer qu'on ne saurait être
plus que je suis de tout mon cœur votre très affectionné,

STANISLAS ROI.

A Lunéville, le samedi
[1er août 1744].

1. Voltaire, dans le *Siècle de Louis XV*, signale les cruautés des
troupes autrichiennes et cite les proclamations insolentes de
Mentzel.

2. François, duc d'Harcourt, né en 1689, capitaine des gardes
du corps, maréchal de France en 1746, mort le 10 juillet 1750.

Mon très cher comte, dans l'espérance de vous voir moi-même, j'ai différé à vous rendre mille grâces de l'attention que vous avez eue de m'apprendre l'incommodité du Roi qui me met dans des cruelles inquiétudes, quoique j'espère avec la grâce de Dieu qu'avec les remèdes qu'on a faits on a prévenu toutes les fâcheuses suites. J'attends avec bien d'impatience son parfait rétablissement, le plaisir de le voir et celui de vous assurer combien je suis de tout mon cœur votre très affectionné,

Stanislas Roi.

Le lundi à une heure après-midi.

[10 août 1744].

Mon très cher comte, depuis votre lettre que j'ai reçue ce matin, j'ai été plus mort que vif sur l'état où se trouvait le Roi, la troisième saignée m'ayant fait appréhender le mal bien pressant. Que le bon Dieu soit loué à jamais qu'elle a produit comme je l'apprends dans ce moment un bon effet par une grande évacuation et une moiteur qui l'a suivie, ce que je prends pour une crise qui mettra fin à la maladie et à nos cruelles alarmes. Je vous embrasse et suis de tout mon cœur votre très affectionné.

Stanislas Roi.

A Lunéville, le mercredi à 9 heures du soir.

[12 août 1744].

Mon très cher comte, le mouvement naturel m'a porté d'aller à Metz. Dans quelle vue je me

suis rendu à Nancy. Les réflexions très sages de
M. le maréchal de Belle-Isle m'arrêtent, et je retourne à Lunéville pour attendre de la miséricorde
du Seigneur qui nous conserve la santé plus chère
que notre vie d'un Prince qui, par l'empire qu'il
vient d'exercer sur lui-même en grand chrétien ([1]), fait bien connaître qu'il est digne de régner sur les autres. Cette action incomparable
anime ma confiance en Dieu. Je le prie bien ardemment de vous donner les forces nécessaires,
dans vos inquiétudes pour la santé du maître et
dans votre travail pour le salut de l'Etat. Rien
n'égale la tendre amitié avec laquelle je suis de
tout mon cœur,

Votre très affectionné,

STANISLAS ROI.

A Nancy, le vendredi à 9 heures du matin.

[14 août 1744].

Mon très cher comte, en envoyant le comte de
Croix pour savoir l'état du Roi, je l'accompagne
de ces deux mots, pour vous embrasser. Je reviens
dans ce moment de ma course, m'étant séparé
hier avec la Reine à Toul. Je compte les heures et
les moments pour voir le quatorzième jour de la
maladie passer, et pour être en sûreté de tout accident. Mais comme Dieu miraculeusement a garanti le cher Roi des passés, quelle confiance ne

1. Louis XV avait reçu les sacrements et ordonné l'éloignement de la duchesse de Châteauroux.

devons-nous pas avoir qu'il le préservera de ceux de l'avenir ! Je suis avec toute mon amitié inviolable votre très affectionné,

STANISLAS ROI.

A Lunéville, le mardi à 5 heures du soir.

Je reçois, mon très cher comte, votre lettre qui me redonne la vie, par la grande espérance de celle du Roi. Que le Seigneur en soit béni à jamais ! Je ne suis point fâché d'être privé du plaisir d'avoir la Reine, sachant qu'elle aura celui de voir le Roi reconvalescent. Je suis venu au-devant d'elle jusqu'à Vitry, où elle a pris un peu de repos ; elle ne s'en donnera sûrement pas avant que d'arriver à Metz. Mille grâces encore à vos attentions ; ma plus vive sera toujours de vous prouver combien je suis de tout mon cœur votre très affectionné.

STANISLAS ROI.

Le 17 d'août 1744.

La Reine de Pologne au comte d'Argenson.

Monsieur, je ressens si vivement la joie du mieux du Roi dans sa santé que cela me rend la vie. Que Dieu vous rende de m'avoir donné cette satisfaction, J'en suis pénétrée au vif, et la reconnaissance que je vous dois ne s'effacera qu'avec ma vie, étant, Monsieur, votre très affectionnée,

CATHERINE REINE DE POLOGNE.

Le 19 août 1744.

Monsieur, je viens d'apprendre qu'il y a deux places vacantes en ce qui doit composer la cour de Madame la Dauphine. Ne pourriez-vous pas insinuer pour obtenir celle de dame du palais pour Mme la marquise de Montrevel ([1]) qui est Beauvau, d'un mérite distingué, ses frères au service du Roi. Ces motifs me paraissent dignes d'attirer quelque attention du Roi. Vous me feriez plaisir de lui en parler, m'intéressant fort à cette dame, et tellement que je serai fort flattée si le Roi me témoigne en cela ses bontés. Je peux vous assurer d'avance que si vous réussissez il n'y a sorte de reconnaissance que je ne vous devrai, étant d'ailleurs, Monsieur, avec une estime infinie, votre très affectionnée,

CATHERINE REINE DE POLOGNE.

A Meudon, le 19 août 1744.

Le Roi de Pologne au comte d'Argenson.

Il est sûr, mon très cher comte, que rien n'égale les sujets que j'ai de consolation et que jamais mortel n'en peut avoir de plus sensible, et il me semble qu'indépendamment de la joie que vous en avez, vous vous faites un nouveau plaisir par celui que vous me faites goûter en me détaillant l'heureuse situation de la famille royale ([2]). Ce qui me

1. Elisabeth-Charlotte de Beauvau, fille du prince de Craon, mariée à Charles-François-Ferdinand de la Baume, marquis de Mont-Revel.

2. Le rapprochement du Roi et de la Reine après l'exil de Mme de Châteauroux, et l'arrivée du Dauphin à Metz.

prouve de plus en plus la part particulière que vous prenez à ce qui m'intéresse. Jugez après cela de la vivacité de mes obligations infinies. Mon attention, Dieu merci tranquille sur la santé du cher Roi, est présentement aux écoutes du côté du Rhin. Il faut espérer que toutes les ruses du prince Charles ne produiront qu'un peu de délai de ce qui doit s'attendre de sa mauvaise situation. Après ce que Dieu vient de faire sur la personne du Roï, quelle confiance ne devons-nous pas avoir sur tout ce qui a rapport à sa prospérité ! Quelle satisfaction encore pour moi de la voir éclater sous votre digne ministère, dans lequel je prie le Seigneur qu'il vous assiste et conserve votre santé dans tous vos travaux laborieux. Je vous embrasse et suis de tout mon cœur votre très affectionné,

STANISLAS ROI.

Le samedi à Lunéville.

[Août 1744].

Monsieur, avant que d'entrer en matière sur le sujet de cette lettre, je vous prie d'être bien persuadé qu'aucune partialité ni faveur, encore moins une importune instance que je vous fais souvent ne me porte point à vous faire celle-ci que je crois bien fondée sur la justice et sur le bien du service du Roi. Voici de quoi il est question.

A ma prise de possession de la Lorraine, M. le maréchal de Belle-Isle a été chargé de la part du Roi de m'y installer, ce qu'il a fait avec toute la dignité et son ordinaire exactitude. De ce moment j'ai conçu l'idée, pour que cette époque fût mémorable et signalée de quelque marque de ma satisfaction, à le faire avec l'agrément du Roi lieutenant-général du duché de Lorraine. Depuis que M. le maréchal de Belle-Isle a eu le commandement en Lorraine comme sur toute la frontière, j'ai assez vu par expérience combien il était du service du Roi que ce commandement soit uni avec celui des Evêchés par la vigilance que M. le maréchal de Belle-Isle l'a exercé dans l'indispensable rapport que ces deux provinces doivent avoir ensemble pour me fortifier dans mon idée et la conduire à son exécution.

A quelle fin quand j'ai proposé au Roi M. le duc de Fleury pour le gouvernement de la Lorraine, je me suis en même temps adressé à feu M. le cardinal de Fleury pour demander la lieutenance générale de ce duché pour M. le maréchal de Belle-Isle dont il faisait déjà si dignement les fonctions ; ce que M. le cardinal ayant d'abord agréé l'a depuis différé sous divers prétextes dont le véritable était, comme il m'est revenu, qu'il avait destiné cette lieutenance générale à celui qui aurait épousé une de ses nièces. Ce qu'ayant su, je me suis tenu à n'en proposer aucun au Roi, si M. le maréchal de Belle-Isle ne devait pas l'être avec lequel j'étais dans l'engagement de ma parole et qu'il m'aurait été fort sensible de la rétracter, ce qui a rendu l'affaire indécise jusqu'à présent en me tenant pas moins à cœur, dans l'attente d'une occasion favorable.

Je crois que le séjour du Roi à Metz me la donne naturellement, Sa Majesté ayant vu par soi-même

l'attention qu'exige cette importante frontière et
ayant connu dans ces critiques circonstances tout
le zèle et la capacité de M. le maréchal de Belle-
Isle pour son service par les soins qu'il a pris
d'assurer cette frontière depuis qu'il y commande.
Mon attachement naturel pour tout ce qui intéresse le Roi et ma tendresse pour sa personne
m'imposent un devoir de dire sans présumer sur
mon opinion qu'entre les gens avec lesquels j'ai
commercé de toute espèce et de toute sorte de
nation dans plusieurs affaires de ma vie agitée par
tant de révolutions, je n'en ai point connu qui ait
plus de talents et au plus suprême degré pour servir un aussi grand Roi que le nôtre, que le maréchal de Belle-Isle. Mon estime pour lui ne serait
pas un grand suffrage, si je n'étais persuadé de
celle d'un Prince aussi juste et aussi pénétrant
pour connaître le vrai mérite que l'est notre cher
Roi.

Ce qui me fait indubitablement espérer qu'il
agréera ma demande et qu'en cette occasion il
voudra encore me donner une marque de la bonté
qu'il a pour moi. Je ne me donne point l'honneur
de lui écrire pour ne pas fatiguer ses yeux par la
lecture de ma lettre. Je me flatte que vous y sup-
pléerez, ou en lui rendant compte de ma demande,
ou en lui présentant celle-ci que je vous écris, très
persuadé de votre assistance, tant en faveur du
sujet digne de votre amitié que par celle dont je
reçois tous les jours des marques de votre part.

Comme le maréchal de Belle-Isle ne sait point
que je vous écris sur ce sujet, je vous prie de ne lui
en rien dire jusqu'à ce que vous ayez obtenu la

grâce du Roi pour qu'il en soit agréablement surpris. Rien ne me ferait tant de plaisir que s'il l'ob-
tenait pendant que le Roi est dans le pays.

Au reste comme je crois que le Roi regardera
la Lorraine comme les autres provinces conquises
de Franche-Comté et de la Flandre, son trésor
royal pourrait être soulagé pour les appointements en mettant dessus les douze mille francs et
les douze autres sur la Lorraine.

Enfin je me flatte que l'instance que je fais est
digne de la grâce du Roi, du sujet pour qui je la
fais et de la parfaite reconnaissance avec laquelle
je suis de tout mon cœur votre très affectionné,

STANISLAS ROI.

A la Malgrange, le 13 de septembre 1744.

Le comble de mon bonheur, mon très cher
comte, où je me suis trouvé ces jours-ci vient
d'être troublé par la triste nouvelle que nous avons
reçue de la mort de Madame Sixième (1). Je ne
veux pas incommoder le Roi et lui écrire sur un
sujet si douloureux. Puis-je espérer que vous voudrez y suppléer. Au reste je reçois dans ce moment
le mémoire ci-joint du prince de Beauvau ; vous
jugerez si la grâce se peut accorder à l'officier qui
la demande et lui faire réponse. Rien n'égale la
tendre amitié avec laquelle je suis de tout mon
cœur votre très affectionné,

STANISLAS ROI.

A Lunéville, le 3 d'octobre 1744.

1. Fille de Louis XV et de Marie Leczinska, morte à 7 ans, à
Fontevrault, le 28 septembre 1744.

La disgrâce, mon très cher comte, de M. le duc de Châtillon (¹) me fait concevoir une idée que si vous jugez comme je pense de toute façon convenable, je vous prie de la faire connaître au Roi et sonder si elle lui serait aussi agréable comme je l'espère, ou si elle ne se trouve point de son goût, lequel ne voulant nullement gêner, je ne me donne point le plaisir d'en faire la demande avant que je sois prévenu en toute confiance par votre réponse. Il est question si la princesse Talmont ma cousine peut obtenir de la bonté du Roi la place de dame d'honneur de Madame la Dauphine (²), qui était destinée à Mme la duchesse de Châtillon (³). Je ne saurais remettre cette affaire entre des meilleures mains que les vôtres, vous saurez la ménager et la rendre, s'il se peut, agréable au Roi. Je suis de tout cœur votre très affectionné.

STANISLAS ROI.

A Lunéville, le 15 de novembre 1744.

Vous avez eu trop de part, mon cher comte, à la gloire du Roi pour ne pas marquer combien j'en prends à la vôtre dans l'événement heureux (⁴) qui sera mémorable par votre digne ministère.

---

1. Le duc de Châtillon, gouverneur du Dauphin (1690-1754), venait d'être disgracié et exilé le 10 novembre 1744. Il avait amené le Dauphin à Metz, malgré les ordres du Roi, et était au nombre des adversaires de Mme de Châteauroux.

2. Marie-Thérèse, infante d'Espagne, mariée le 25 février 1745, morte le 22 juillet 1746.

3. Anne-Gabrielle Le Veneur de Tillières, née en 1699.

4. La victoire de Fontenoy (11 mai 1745).

Mon cœur est si saisi dans ce moment que tout ce
que je peux vous dire est que je suis de tout mon
cœur votre très affectionné,

STANISLAS ROI.

A Lunéville, le 15 de mai 1745.

Continuation, mon très cher comte, des obligations infinies de l'importante nouvelle dont
vous vous faites plaisir à me faire part (¹). Le
mien en l'apprenant ne se peut concevoir ni exprimer. Je puis dire que jamais mon cœur n'a été
si pénétré de satisfaction. Je la ressens aussi vivement que je suis de tout mon cœur votre très affectionné,

STANISLAS ROI.

A Lunéville, le 21 de juin 1745.

Il semble, mon très cher comte, qu'indépendamment de la satisfaction que vous donnent les
glorieux exploits du Roi, vous en avez une nouvelle dans celle que je ressens, en la partageant
avec moi. Votre attention dans cette occasion si
intéressante est une nouvelle preuve de votre
chère amitié et de mon ancienne et sensible reconnaissance. Je lève les mains au ciel pour la continuation des progrès du Roi, qui surpassant nos
attentes, combleront avec la grâce du Seigneur
nos désirs. Vous connaissez celui que j'ai d'être
toute ma vie de tout mon cœur votre très affectionné,   STANISLAS ROI.

A la Malgrange, le 15 de juillet 1745.

1. La capitulation de la citadelle de Tournay (19 juin 1745).

Je laisse, mon cher comte, à toute la France à vous faire des compliments. Pour moi, je me contente de vous dire à l'occasion d'aujourd'hui que vous avez en moi un ami invariable par toute les révolutions des années et de tout son cœur affectionné,

STANISLAS ROI.

A Lunéville, le 1er de janvier 1746.

Je connais trop, mon cher comte, votre zèle pour le bonheur de l'Etat et le soin que vous prenez à y contribuer pour que je ne joigne ma joie avec la vôtre sur la victoire que le Roi vient de remporter (1). J'envoie le comte de Croix pour lui en faire mon compliment. Recevez celui que je vous fais sur un événement arrivé sous votre glorieux ministère. Vous ne doutez pas, j'espère, de la part que je prends à tout ce qui vous intéresse par l'inviolable amitié avec laquelle je suis de tout mon cœur votre très affectionné.

STANISLAS ROI.

A Lunéville, le 5 de juillet 1747.

Mille grâces, mon très cher comte, de vous être souvenu de moi au moment que la joie du grand événement (2) ne vous devait rendre attentif qu'à

1. La victoire de Lawfeld (2 juillet 1747), à laquelle le comte d'Argenson assistait avec le Roi.

2. La prise de Berg-op-Zoom par Lowendal (16 septembre 1747). (Le comte de Lowendal (1700-1755), fut aussitôt fait maréchal de France, (17 septembre 1747).

jouir du bonheur public dont vous avez voulu me
rendre participant. Je le ressens, je vous assure,
bien vivement, aussi bien que cette nouvelle
marque de votre chère amitié que vous ne sauriez
avoir pour personne qui soit plus que je suis de
tout mon cœur votre très affectionné.

STANISLAS ROI.

A Commercy, le 25 de septembre 1747.

Je ne saurais faire partir, mon cher comte, le
prince de Beauvau sans vous renouveler les assurances de ma tendre amitié, en vous priant de
continuer de l'honorer de la vôtre. Votre maladie
me donne bien d'inquiétude. Je rends grâce au
Seigneur de votre rétablissement, personne au
monde ne s'intéressant plus à votre chère santé
que celui qui est de tout son cœur votre très
affectionné,

STANISLAS ROI.

A Lunéville, le 3 décembre 1748.

Le Roi de Pologne à la comtesse d'Argenson.

Madame, ce n'est qu'à mon retour de Versailles
que j'ai trouvé ici l'obligeante lettre que vous
m'avez fait le plaisir de m'écrire sur l'heureux
événement de la naissance de M. le duc de Bourgogne ([1]), ce qui est cause que ma réponse est si
tardive et que je n'aie pas pu plus tôt vous mar-

1. Fils aîné du Dauphin, né le 13 septembre 1751.

quer combien je suis sensible à cette nouvelle
marque de votre chère amitié. La part que vous
prenez à ma joie me la rend d'autant plus complète, et ce sera toujours une nouvelle satisfaction
pour moi quand je pourrai vous prouver combien
je suis de tout mon cœur votre très affectionné,

STANISLAS ROI.

A Lunéville, le 9 d'octobre 1751.

Le Roi de Pologne au comte d'Argenson.

Monsieur, vous avez bien de l'amitié pour le
comte Tressan et vous connaissez toute celle que
j'ai pour lui. Je vous prie de vous joindre à moi
pour assurer son sort et parler au Roi en sa faveur.
Depuis longtemps j'avais quelque soupçon qu'il
avait fait un mariage secret (1) ; je l'ai pressé de
m'ouvrir son cœur, il m'a avoué qu'il n'avait pu
résister à la tendresse qu'il a pour ses enfants, et
que pressé par M. l'évêque de Boulogne il y a cinq
ans que cet évêque l'a marié dans sa chapelle à
Boulogne. Depuis ce temps il a tenu ce mariage
secret, et désire le tenir encore. Il ne veut pas le
déclarer, qu'autant qu'il croira que le Roi son
maître l'approuvera, et que vous continuerez à le
protéger. Depuis qu'il m'a fait cet aveu, je le vois
dans un chagrin et une douleur profonde. Je le
presse de se confier à vous, et l'amitié que j'ai

---

1. M. de Tressan, dans une lettre adressée au marquis de Voyer,
s'explique sur ce mariage.

pour lui m'engage à vous prier d'obtenir du Roi
qu'il lui pardonne de s'être marié sans lui en avoir
demandé la permission. Je vous prie donc d'en
parler au Roi de ma part. M. Tressan est un bon
officier qui le sert avec zèle, il a été attaché à sa
personne dès l'enfance; il espère qu'un si bon
maître aura pitié de lui et lui pardonnera ce que
des sentiments que d'ailleurs on ne peut qu'approuver lui ont fait commettre. M. Tressan compte
tenir son mariage secret pendant quelques années,
et toute sa vie si le Roi son maître le lui ordonne.
Il a quatre garçons qu'il élève pour le servir. J'ai
cru qu'il ne devait pas différer d'avouer son secret
aux pieds d'un si bon maître. Il ne reste que de
vous prier d'en parler au Roi de façon que loin
de nuire à sa fortune cet aveu l'engage au contraire
à lui continuer les mêmes bienfaits, et à le mettre
à portée de mériter ses grâces, et d'élever ses enfants pour son service. Je vous demande le secret
sur cette affaire. Le pauvre Tressan attend la réponse que vous me ferez en tremblant, et je suis
véritablement touché de l'état où je le vois. Vous
pouvez montrer cette lettre au Roi auquel je demande grâce en faveur d'un officier général qui
le sert avec zèle, et qui est digne de pitié, et
qu'une faute que la tendresse paternelle et la
Religion lui ont fait faire lui soit pardonnée.
Je suis de tout mon cœur votre très affectionné,

STANISLAS ROI.

A Lunéville, le 13 décembre 1752.

Je connais trop, mon cher comte, le cas que vous faites du mérite, et que pour le soutenir il suffit de vous en indiquer le moyen. Vous connaissez les bons et grands services de la maison de Boufflers, laquelle n'est plus en état aujourd'hui de les continuer, réduite à une situation digne de toute compassion. J'ai devant mes yeux l'objet qui l'excite bien vivement et par lequel cette digne famille se peut relever, c'est le marquis de Remiencourt (¹). Elevé dans ma maison, j'ai vu croître son mérite à mesure de son âge, et vous peux assurer que ce sera un grand support de son nom pour le service du Roi et de l'Etat, si la fortune le veut autant favoriser que la nature. Il est question de le marier ; nous avons formé le projet avec Mlle (de) Villette, mais nous ne saurions faire un pas en avant, sans l'appui de votre protection. Accordez-la, je vous prie, à la mémoire de ceux qui ont passé et à l'épreuve que donne celui qui leur succède. Soyez restaurateur d'une grande famille ruinée. Votre bon et grand cœur vous portera plus que ne sauraient faire mes instances dans lesquelles cependant j'ai grande confiance par l'amitié que vous avez pour celui qui est de tout son cœur votre très affectionné,

STANISLAS ROI.

Le 25 de mai 1755.

---

1. Fils de Louis-François, marquis de Boufflers-Remiencourt, maréchal de camp et de Marie-Françoise de Beauvau, dame de la reine de Pologne, puis de Mesdames de France.

Jugez, mon très cher comte, par toutes vos attentions à me faire plaisir, de celui que je ressens, en apprenant tout ce que vous avez fait pour honorer la députation de la ville de Nancy. Je me flatte de pouvoir mettre tout cela sur mon compte, aussi je ne pense qu'à m'acquitter de tout ce que je vous dois par la plus parfaite reconnaissance avec laquelle je suis de tout mon cœur votre très affectionné,

STANISLAS ROI.

A Lunéville, le 23 décembre 1755.

Je ne présagerais rien de bon, mon très cher comte, pour l'année que nous commençons, si je n'avais lieu de me flatter de la continuation de votre chère amitié, comme vous me le faites espérer par votre lettre. Je vous prie d'être assuré que j'en ressens toute la douceur par une longue expérience et par toute la reconnaissance que je vous dois des tant d'années passées, avec laquelle je ne cesserai jamais pendant celles de l'avenir d'être inviolablement et de tout mon cœur votre très affectionné,

STANISLAS ROI.

A Lunéville, le 27 décembre 1756.

Le plaisir, mon très cher comte, dont je jouis de posséder M. votre neveu (¹) me devient encore bien sensible par la lettre qu'il m'a rendue de votre part. La réputation de son mérite m'a toujours

1. Le marquis de Paulmy, ministre de la Guerre (1757-1758).

fait souhaiter la satisfaction de sa connaissance, et l'honneur qu'il a de vous appartenir me faisant espérer celle de son amitié, je ne pourrais jamais mieux la mériter qu'en me flattant qu'il suivra votre exemple par celle que vous avez pour celui qui est de tout son cœur votre très affectionné,

STANISLAS ROI.

A Lunéville, le 21 de mai 1759.

LETTRES
DE LA COMTESSE DE TOULOUSE

La comtesse de Toulouse au comte d'Argenson.

Ce mardi.

Je suis très peinée, Monsieur, de la situation de Mme de Gontaut (¹), mais ma tête n'est point assez à moi pour donner à présent un conseil, l'état de M. le duc de Chartres m'ayant si troublée que je n'ai point dormi pendant toute la nuit. Si je puis me remettre un peu l'esprit dans la journée, je lui écrirai un mot pour la tranquilliser, car je ne sais que lui dire sur le parti qu'elle doit prendre. Il faudrait que j'en raisonnasse auparavant avec vous ; j'ai grande envie de vous voir. Vous savez, Monsieur, comme je pense sur ce qui vous regarde.

Noailles comtesse de Toulouse (²).

1. Marie-Adélaïde de Gramont, mariée en 1715 à Charles-François-Armand, duc de Gontaut, dame du palais de la Reine, morte le 25 août 1740.

2. Marie-Victoire-Sophie de Noailles, née le 6 mai 1688, veuve depuis le 5 février 1712 de Louis de Pardaillan d'Antin, marquis de Gondrin, mariée le 2 février 1723 à Louis-Alexandre, comte de Toulouse, veuve le 1er décembre 1737, morte le 30 septembre 1766.

Ce samedi.

Quelque envie que j'aie, Monsieur, de faire ce qui peut être agréable à Mme de Gontaut, je sens comme vous toute la difficulté de faire un bon usage de sa nouvelle idée. Si malheureusement Mme de Rupelmonde (¹) est morte, on ne manquera pas de demander pour sa belle-fille ; mais il y a beaucoup d'apparence que ce sera sans succès. Je ne doute point que la Reine n'ait le crédit d'obtenir la place pour Mme de Fleury (²) qu'elle désire en faisant arranger que la première qui sera vacante par une dame titrée, sera donnée à une non titrée. Je vais mardi au château, où j'espère que M. le Contrôleur-général me viendra voir. Je lui demanderai quelles sont les dispositions de M. le Cardinal pour sa nièce, et si je trouve qu'il y ait lieu à renouer la négociation, je tâcherai que la proposition de diminution vienne de lui et non de moi, afin que nous n'ayons pas l'air de marchander. Je crois que c'est tout ce que nous pouvons faire de mieux. Vous connaissez, Monsieur, ma tendre amitié pour Mme de Gontaut et la sincérité de mes sentiments pour vous. J'ai autant de joie que vous du bon état de M. le duc de Chartres.

1. Marie-Marguerite d'Alègre, veuve depuis 1710 du comte de Rupelmonde, dame du palais de la Reine.

2. A.-M.-F. de Monceaux, mariée en 1736 à André-Hercule, duc de Fleury, nommée dame du palais de la Reine en septembre 1739, et pourvue de la place en août 1740.

Ce samedi au soir.

Je m'en tiens, Monsieur, à ce que je vous ai mandé ce matin ; il est bien fâcheux que Mme de Gontaut s'agite comme elle fait sur des nouvelles publiques. Je doute que l'on fasse la maison de Madame la Dauphine, étant à croire qu'elle sera mise avec la gouvernante des enfants de France, comme l'on avait fait pour l'infante. Quand il serait vrai que l'on nommerait des dames, quelque diminution que l'on proposât, M. le Cardinal [1] ne changerait point son arrangement, préférant toujours le parti qui ne coûte rien au Roi. A l'égard de l'état de Mme de Rupelmonde, je n'y vois rien qui nous presse de finir d'une façon dont l'on pût se repentir, l'ayant vue aussi mal qu'elle est. La lettre de M. le Cardinal est parfaitement bien, mais je ne pense pas qu'elle exige de réponse. Dans quelque temps Mme de Gontaut pourra bien écrire pour lui mander la situation de son esprit et l'effet des remèdes qu'il lui a conseillés [2]. Bonsoir, Monsieur, vous connaissez mes sentiments pour vous.

1. André-Hercule de Fleury, né à Lodève le 22 juin 1653, aumônier de Louis XIV en 1692, puis évêque de Fréjus, précepteur de Louis XV depuis 1713, ministre d'Etat (juin 1726), cardinal le 5 novembre 1726, membre de l'Académie française, mort à Issy le 29 janvier 1743.

2. Ces lettres non datées se rapportent à la nomination de Mme de Fleury comme dame du palais et à la dernière maladie de Mme de Gontaut (1739-1740).

A Saint-Léger, ce samedi.

On ne peut être, Monsieur, plus touchée que je
le suis, de la perte que vous venez de faire (1).
Vous savez comme l'amitié fait penser. Je vous
prie de croire que celle que j'ai pour vous est
bien sincère et qu'elle durera autant que ma vie.

NOAILLES COMTESSE DE TOULOUSE.

A Versailles, ce samedi.

C'est toujours, Monsieur, avec un extrême
plaisir que je retrouve votre amitié. Vous venez
de m'en donner une nouvelle marque, dans ce
que vous venez de faire pour Mme d'Aldart, dont
je vous remercie de tout mon cœur. Je fus bien fâchée l'autre jour de ne pouvoir pas rester plus
longtemps avec vous. Quand vous pourrez me
venir voir faites-moi avertir, afin que je m'arrange pour profiter des moments que vous
pourrez me donner. Vous savez Monsieur, comme
j'ai toujours pensé sur ce qui vous regarde.

NOAILLES COMTESSE DE TOULOUSE.

A Luciennes (2), ce 16 janvier 1744.

La faiblesse qui me reste au poignet ne me per-
mettant pas Monsieur, d'écrire, j'avais chargé
mon fils de vous parler pour M. de La Grand-

1. La mort de la duchesse de Gontaut (25 août 1740).
2. Château acquis par Louis XIV, et donné en viager à la comtesse de Toulouse, puis au duc de Penthièvre.

ville (¹) auquel je m'intéresse très vivement ;
mais je crois devoir vous mander moi-même que
son rappel m'afflige d'autant plus que c'est moi
qui l'ai empêché de quitter il y a deux ans. Je me
reprocherai toujours d'être la cause du désagré-
ment qu'il reçoit aujourd'hui, et de l'excessive
dépense que la campagne de Bavière, et son dé-
placement de Flandre pour aller en Alsace lui
ont coûté. Souvenez-vous que vous avez contribué à lui faire accepter ce changement, et pensez que s'il était resté à Lille, il y serait encore.
Toutes ces raisons m'engagent à vous demander
instamment pour lui vos bons offices. Il mérite
par ses services une pension du Roi, et son fils
est dans le cas d'obtenir un régiment : ces deux
grâces le consoleraient. Je vous prie de bien vouloir les lui procurer, et de ne point douter de ma
reconnaissance, non plus que de la sincère amitié
que j'aurai, Monsieur, toujours pour vous.

Noailles comtesse de Toulouse.

A Luciennes, ce 17 octobre [1744].

J'apprends, Monsieur, que M. de Saint-Pern est
destiné pour aller servir en Bavière ou en Wes-
phalie. Si cette nouvelle était vraie, nous serions
fort embarrassés ; il est chargé de toute la maison de mon fils, dont vous savez que le mariage
est arrêté avec l'agrément du Roi, mais non en-

2. Conseiller d'Etat, intendant en Flandre (1730), en Alsace
(1743), succèdera en 1744 comme chancelier du duc d'Orléans au
marquis d'Argenson devenu ministre des Affaires étrangères.

core déclaré. Si Saint-Pern nous manquait, cela nous causerait un dérangement que je ne puis vous exprimer. Je vous prie, si cela est nécessaire, de vouloir bien en rendre compte à Sa Majesté ; j'espère de ses bontés et de votre amitié que nous serons bientôt rassurés. Vous connaissez, Monsieur, la sincérité des sentiments avec lesquels je vous honore plus parfaitement que personne du monde.

NOAILLES COMTESSE DE TOULOUSE.

A Paris, le 28 octobre [1744].

Vous m'avez fait grand plaisir, Monsieur, de m'apprendre que M. de Saint-Pern pourra revenir auprès de mon fils à la fin de la campagne. Je suis d'autant plus sensible à votre attention que je sais qu'il vous avait été demandé pour servir hors du royaume. Je n'ai pas ignoré non plus que vous vous êtes prêté de la meilleure grâce à l'exécution des ordres que le Roi a eu la bonté de donner pour le mariage de mon fils. Recevez-en mes remerciements, et ne doutez jamais, Monsieur, de ma reconnaissance, ni de la sincérité de l'amitié que j'ai pour vous.

NOAILLES COMTESSE DE TOULOUSE.

A Paris, ce 13 mai [1745].

Si je prends beaucoup de part, Monsieur, à la joie publique sur la victoire (¹), que le Roi vient de

1. Bataille de Fontenoy (11 mai 1745).

remporter, j'ai le cœur pénétré de douleur de la perte
que nous avons faite du pauvre duc de Gramont.
Je ne doute point que vous ne pensiez comme moi.
Il était votre ami , comme le mien. Sa veuve fait
pitié. Nous désirerions, ma mère et moi, que le
Roi voulût bien accorder le gouvernement au duc
de Lesparre, et établir dessus une pension de
vingt mille livres en faveur de la mère, et une
autre de quinze en faveur de M. d'Aster. L'aîné
se trouverait d'autant plus flatté d'avoir ce
gouvernement à ces conditions qu'il est de la
dernière importance pour lui, à cause de ses
terres qui y sont situées, qu'il ne passe pas en
d'autres mains. Votre amitié pour Mme la duchesse
de Gramont et pour moi me fait espérer que
vous ne négligerez rien pour engager Sa Majesté à faire cet arrangement qui satisfera, sans
qu'il lui en coûte rien, la famille d'un homme
qui lui était fort attaché. Il est inutile de vous
en dire davantage ; soyez bien persuadé, Monsieur,
de la sincérité des sentiments avec lesquels je
vous honore plus que personne.

NOAILLES COMTESSE DE TOULOUSE.

A Paris, ce 20 mai [1745].

On ne peut être, Monsieur, plus touchée que
je le suis des grâces que le Roi a bien voulu
accorder à la famille du pauvre duc de Gramont ([1]),
et j'y ai reconnu l'amitié que vous aviez pour lui.

1. Louis, duc de Gramont, lieutenant-général, colonel du régiment des gardes-françaises, tué le 11 mai 1745, à Fontenoy.

Malgré cela je suis assez peinée du triste état où il laisse ses affaires, se trouvant beaucoup de dettes ; ne serait-il pas possible pour aider sa veuve et ses enfants à les acquitter de leur procurer cent mille livres au delà des quatre cents mille de son brevet de retenue ? Vous savez que son frère en avait un de cinq cents mille. Si on en donnait un pareil à celui qui aura le régiment, il me semble qu'il n'aurait pas lieu de se plaindre. C'est une idée qui m'est venue, je la soumets à votre prudence et à votre amitié, ne sachant pas s'il convient d'en faire usage ; vous ne ferez donc sur cela que ce que vous jugerez à propos, mais je vous prie de croire que je suis toujours fort aise d'avoir occasion de vous assurer, Monsieur, de la sincérité des sentiments avec lesquels je vous honore plus que personne.

Noailles comtesse de Toulouse.

A Paris, ce 28 juin.

On ne peut être, Monsieur, plus touchée que je le suis des amitiés que vous me témoignez au sujet de mon fils. Ma reconnaissance est infinie des bontés du Roi. Je suis comblée de joie de la rapidité des conquêtes de Sa Majesté. Le public la trouve très bien servie; vous n'y avez pas la plus petite part. Recevez-en mon compliment, et soyez bien persuadé de la sincérité des sentiments avec lesquels je vous honore,Monsieur, plus que personne du monde.

Noailles comtesse de Toulouse.

Dimanche au soir.

Rien de plus aimable, Monsieur, que l'attention que vous avez de me faire part, qu'enfin le billet a été remis; je n'ai pu vous en remercier sur le champ, étant à table.

J'attends avec impatience le retour de la Muette (1), pour vous marquer la reconnaissance que j'ai de l'amitié que vous m'avez témoignée dans cette occasion-ci. Je puis vous assurer, Monsieur, que vous n'obligerez pas une ingrate.

A Paris, ce 22 mars 1747.

Mes sentiments pour Monsieur le Comte ne pouvant changer, je suis fort aise d'avoir cette occasion de lui assurer, et de le prier de ne point douter de mon empressement à saisir celles où je pourrai lui prouver le vif et trés sincère intérêt que je prendrai toute ma vie à ce qui le regarde. J'apprends avec grand plaisir que sa santé est bonne.

NOAILLES COMTESSE DE TOULOUSE.

A Versailles, ce mardi.

Je vous envoie, Monsieur, une lettre de mon fils (2). J'y joins les réflexions que j'ai faites depuis

1. Le château de la Muette acquis en échange du château de Madrid par la duchesse de Berry, faisait partie depuis sa mort (1719) du domaine royal.

2. Louis-Jean-Marie, duc de Penthièvre, né le 16 novembre 1725, marié le 29 décembre 1744 à Marie-Thérèse-Félicité d'Este, fille du duc de Modène.

7

hier sur le peu de facilité que vous pourriez
trouver à la proposition de lui faire le même traitement qu'à M. le Prince de Conti. Je m'en remets
à vous pour la négociation, et je compte que vous
me donnerez dans cette occasion des marques
de votre amitié, en ne me faisant point parler
d'une façon qui puisse déplaire au maitre.

Adieu Monsieur, j'attends avec impatience
le jour que vous viendrez dîner dans ma retraite.

NOAILLES COMTESSE DE TOULOUSE.

A Paris, ce 14 septembre.

L'amitié que vous m'avez toujours témoignée,
Monsieur, ne me permet pas de douter de la
part que vous prenez à la satisfaction que me
cause la naissance d'un second petit fils ([1]). Je
vous prie d'être aussi bien persuadé de ma reconnaissance, ainsi des sentiments tendres et sincères que j'aurai, monsieur, toute ma vie pour
vous.

NOAILLES COMTESSE DE TOULOUSE.

Ce mardi.

Plus j'y pense, Monsieur, et moins je puis
imaginer que le silence du Roi, sur les ordres
que vous lui avez demandés pour faire payer
les appointements de mon fils, soit un refus. Sa
Majesté a l'esprit occupé de tant de choses importantes qu'il n'est pas étonnant qu'elle n'ait

---

1. Deux jumeaux étaient nés le 6 septembre 1747. De tous les
fils du duc de Penthièvre, le prince de Lamballe seul survécut.

point fait d'attention à un si petit objet. Elle n'ignore pas qu'elle a continué le commandement de M. de Penthièvre en Bretagne, en lui accordant un congé et que par conséquent, il est précisément dans le cas des autres commandants ou officiers généraux employés pendant l'hiver qui ont permission de venir à la cour, au moyen de quoi, ils sont payés absents. Ne paraitrait-il pas singulier qu'il fût privé de ses appointements et fourrages, pendant que M. de Saint Pern, qui sert sous ses ordres, aurait touché les siens? Je vous prie de vouloir bien en reparler au Roi, le plus tôt qu'il vous sera possible. Ma confiance en sa justice et en sa bonté me fait espérer que Sa Majesté n'hésitera pas à faire jouir mon fils de l'unique secours qu'il reçoit d'Elle et de la province pour les dépenses considérables qu'il a faites, et qu'il va encore faire dans son gouvernement. Vous savez, Monsieur, combien je compte sur votre amitié, je me flatte que vous ne doutez pas de la mienne.

NOAILLES COMTESSE DE TOULOUSE.

[De la main du comte d'Argenson, en marge :]

Le Roi a ordonné la continuation du traitement de M. le duc de Penthièvre pendant l'hiver de 1747 à 1748.

A Luciennes, ce 4 juin.

Vous m'avez fait, Monsieur, un plaisir infini en m'apprenant la grâce que vous avez procurée à M. d'A...

Mme de Beaumanoir (¹) en sera comblée de joie. Soyez bien persuadé que personne au monde n'est plus sensible que je le suis aux marques de votre amitié, et que je n'oublierai jamais, Monsieur, toutes celles que je reçois de vous.

A Paris, ce 8 août.

Mon fils m'avait instruite, Monsieur, de tout ce que vous avez bien voulu faire pour le duc d'Antin (²). Mais j'ai été fort aise de l'apprendre aussi par vous-même. Cette affaire m'a fait d'autant plus de plaisir que je reconnais dans la la façon dont elle a été conduite une amitié dont je désirerai toujours la continuation. M. de Maurepas a écrit avant-hier pour le brevet de retenue. Ne doutez pas, Monsieur, de toute ma reconnaissance; elle est aussi sincère que les sentiments que j'ai pour vous, et que j'aimerai toute ma vie à vous témoigner.

NOAILLES COMTESSE DE TOULOUSE.

Mercredi à 5 heures.

Suivant votre conseil, monsieur, j'eus hier l'honneur de dire au Roi, que je vous avais prié de lui demander pour M. de... une grâce que

---

1. Marie-Françoise de Noailles, mariée le 20 février 1703 à Emmanuel-Henri de Beaumanoir, marquis de Lavardin, colonel de cavalerie, tué à la bataille de Spire le 15 novembre 1703.

2. Petit-fils de la comtesse de Toulouse et de son premier mari, le marquis de Gondrin. (Louis de Pardaillan, duc d'Antin, né en 1727, brigadier d'infanterie en 1746, maréchal de camp en 1749).

je lui avais fait espérer en faveur du mariage de
Melle de Chalus, par ma grande confiance aux
bontés de Sa Majesté. Elle me fit réponse que
vous lui en aviez parlé et qu'il m'accordait ce
que je désirais. Je vous renouvelle mes remerciements, vous en recevrez aussi de l'infante.
Soyez persuadé, Monsieur, que les miens sont
aussi vifs que sincères.

NOAILLES COMTESSE DE TOULOUSE.

A Paris, ce 16 août.

Je reconnais, Monsieur, votre amitié pour moi
dans ce que vous venez de faire pour M. de Civrac,
et c'est de tout mon cœur que je vous en fais mes
remerciements. Il ne manquera pas de se rendre
à son nouveau régiment aussitôt que vous lui en
aurez envoyé l'ordre. J'attends votre retour avec
impatience, ayant fort envie de vous témoigner
toute ma reconnaissance ainsi que les tendres
sentiments que je vous ai voués.

NOAILLES COMTESSE DE TOULOUSE.

A Luciennes, ce 15 septembre.

Je reconnais, monsieur, votre amitié pour moi
dans ce que vous avez bien voulu faire pour
le duc d'Antin. Continuez-lui, je vous prie, vos
bons offices; il le mérite par l'envie qu'il a de se
rendre digne des bontés du Roi. Que ne puis-je
vous marquer combien je suis sensible à vos
attentions. Vous seriez, Monsieur, aussi persuadé
que je le souhaite qu'il ne fut jamais de reconnaissance plus vive ni plus sincère que la mienne.

A Luciennes, le 10 septembre 1753.

Vous me comblez de joie, Monsieur, en m'annonçant l'accomplissement de ce que je désirais tant pour M. de Narbonne. Vous êtes charmant; je sens combien il est agréable de retrouver ses amis tels qu'ils étaient, et de leur être obligée. Votre prudence se montre bien dans le silence que vous avez gardé avec l'infante (1); la mémoire ayant pu lui manquer j'aurai l'honneur de voir demain le Roi et de le prévenir. Recevez mes remerciements, et soyez bien persuadé que ma reconnaissance est gravée de façon dans mon cœur qu'elle ne s'en effacera jamais. Comme je dois faire de fréquents voyages à Versailles, j'espère, Monsieur, que je serai assez heureuse pour vous rencontrer chez vous.

NOAILLES COMTESSE DE TOULOUSE.

A Luciennes, ce 4 octobre 1753.

On n'ignore pas, Monsieur, votre amitié pour moi, ce qui m'attire beaucoup de demandes à vous faire. J'en rejette autant qu'il m'est possible, mais je ne puis refuser à mon écuyer de vous envoyer le mémoire ci-joint. Son beau-frère pour qui il s'intéresse est fort connu de M. de Montmartel, qui lui veut, à ce que l'on m'a dit, assez de bien pour ne pas lui laisser manquer de fonds. Si

1. Louise-Elisabeth, fille aînée du Roi, née le 14 août 1727, mariée le 26 août 1739, à Don Philippe, infant d'Espagne, duc de Parme.

vous pouvez lui faire plaisir, je vous en serai obligée. Je suis déjà pénétrée de reconnaissance de tout ce que vous avez fait pour moi, et je vous prie de croire, Monsieur, qu'elle ne s'effacera jamais de mon cœur.

NOAILLES COMTESSE DE TOULOUSE.

A Luciennes, ce 18 juillet [1756].

Le secret de Monsieur le comte au sujet de M. de Maizieux sera exactement gardé. J'aurais souhaité avoir part à la grâce qui lui est accordée, mais apparemment que l'on a jugé à propos d'employer pour l'obtenir un crédit plus sûr que le mien. J'ai partagé bien sincèrement votre joie sur l'heureux succès de Mahon (¹). Je ne pensais pas que j'apprendrais un événement aussi intéressant par une autre voie que par le public, mais Monsieur le comte m'a accoutumée à lui pardonner l'oubli. Je sais qu'il a beaucoup d'affaires et j'ai surtout pour lui les sentiments les plus sincères et les plus tendres.

Vous savez, Monsieur, tout l'intérêt que je prends à M. de Narbonne, je me flatte que vous vous en souviendrez quand vous travaillerez à l'avancement des colonels qui sont à Minorque.

A Paris, le 2 janvier 1758.

Vous n'avez pas besoin, Monsieur, de vous rappeler dans mon souvenir, je ne vous oublie point.

1. Prise de Port-Mahon par le maréchal de Richelieu (20 mai 1756).

Vous connaissez assez l'amitié que j'ai pour vous, pour être persuadé que je ne négligerai aucune occasion d'en donner des preuves à Monsieur le comte, à qui je souhaite une heureuse année.

NOAILLES COMTESSE DE TOULOUSE.

A Monsieur le comte d'Argenson, aux Ormes (¹).

A Paris, le 20 mars 1758.

Le silence que j'ai gardé, Monsieur le comte, depuis quelque temps, ne doit point vous faire croire, que je n'ai pas pris part au dernier événement, qui a dû vous causer de la peine (²). Je vous aurais témoigné plus tôt combien j'y étais sensible, si je n'avais été indisposée. M. votre neveu (³) s'est conduit au mieux et de manière à satisfaire tous ceux qui s'intéressent à lui. On lui a conservé la place au conseil, chose que je trouve très agréable. J'ai su que vous avez eu la jaunisse, et qu'elle était passée ; ménagez-vous ; mangez modérément ; faites de l'exercice, il est nécessaire à la santé. Mes sentiments pour vous, Monsieur le comte, ne changeront jamais.

NOAILLES COMTESSE DE TOULOUSE.

1. Cette lettre et les suivantes sont adressées au cômte d'Argenson pendant son exil dans sa terre des Ormes, après sa disgrâce en 1757.

2. On verra, dans une lettre du président Hénault, le détail de cette intrigue dirigée contre le comte d'Argenson par l'entourage de Mme de Pompadour.

3. Antoine-René, marquis de Paulmy, né en 1722, ministre de la Guerre après la disgrâce du comte d'Argenson.

A Paris, le 13 janvier 1759.

· C'est toujours avec plaisir que je reçois des nouvelles de Monsieur le comte. Il me semble que je pourrais me plaindre de son silence touchant une lettre que je lui ai écrite. Je vous souhaite une bonne année, mes sentiments pour vous seront les mêmes dans celle-ci, qu'ils ont été dans les précédentes, et Monsieur le comte peut être sûr que mon amitié pour lui ne changera jamais.

A Luciennes, le 5 octobre 1759.

La façon dont vous avez toujours pensé, Monsieur, sur ce qui me regarde ne me permet pas de douter de la part que vous avez prise à la perte que je viens de faire. Je suis très sensible à la nouvelle marque que vous m'en donnez dans cette triste occasion, et je vous prie d'être bien persuadé de la sincérité de mes sentiments pour vous. Comptez Monsieur, que je ne vous oublie point.

NOAILLES COMTESSE DE TOULOUSE.

Le 6 janvier 1760.

Ce sera toujours avec plaisir, Monsieur le comte, que je recevrai des marques de votre souvenir. L'amitié que j'ai pour vous ne doit pas vous permettre de douter du désir que j'aurais de pouvoir contribuer à terminer vos peines (¹). La fin de

1. Le Roi n'autorisa le retour du comte d'Argenson à Paris qu'après la mort de Mme de Pompadour. Il ne rentra d'exil que pour mourir (20 août 1764).

l'année dernière a été bien triste pour moi. Ma santé a été dérangée ; elle commence à se rétablir. Soyez, je vous prie, bien persuadé, Monsieur le comte, que mes sentiments pour vous ne changeront jamais.

NOAILLES COMTESSE DE TOULOUSE.

LETTRES DE LA COUR

La duchesse de Villars (¹) *au comte d'Argenson.*

A Versailles, ce 21 juillet [1742].

La Reine m'ordonne, Monsieur, de vous écrire
pour vous assurer de la part qu'elle prend au
malheur qui vient de vous arriver (²). Je me flatte
que vous ne doutez de ma sensibilité dans cette
occasion. Vous connaissez trop le sincère attachement avec lequel je serai toute ma vie, Monsieur,
votre très humble et très obéissante servante.

NOAILLES DUCHESSE DE VILLARS.

A Versailles, ce 27 août [1742].

Je suis chargée, Monsieur, des compliments de
la Reine, et de vous marquer sa joie. La mienne
ne se peut exprimer. Recevez-en les assurances,

1. Amable-Gabrielle de Noailles, fille d'Adrien-Maurice, duc
de Noailles, maréchal de France, née le 18 février 1706, mariée
le 5 août 1721 à Honoré-Armand, duc de Villars, en 1734. Nommée dame du palais en décembre 1727, et dame d'atours de la
Reine en septembre 1742.

2. Le comte d'Argenson venait de perdre son second fils, lieutenant dans le régiment du Roi, tué d'un coup de foudre sous les
murs de Prague (juillet 1742).

et celles de la sincère amitié avec laquelle je serai
toute ma vie, Monsieur, votre très humble et très
obéissante servante (¹).

NOAILLES DUCHESSE DE VILLARS.

M. l'abbé de Saint-Cyr me prie de vous dire la
part qu'il prend à cet événement.

J'ai une grande grâce à vous demander, Monsieur. Vous connaissez le vif intérêt que je prends
à tout ce qui regarde M. le duc de la Force (²).
Il désire que vous soyez son juge, permettez-moi
de joindre mes prières aux siennes. Je me flatte
que vous ne doutez pas du sincère attachement
avec lequel je serai toute ma vie, Monsieur, votre
très humble, et très obéissante servante.

NOAILLES DUCHESSE DE VILLARS.

A Marly, ce 12 septembre.

Je suis très sensible, Monsieur, aux marques
de votre amitié. Je la mérite par le sincère attachement avec lequel je serai toute ma vie, Monsieur, votre très humble et très obéissante servante.

NOAILLES DUCHESSE DE VILLARS.

1. Le comte d'Argenson venait d'être nommé ministre d'Etat
(août 1742).

2. Jacques Nompar, duc de Caumont, fils du duc de la Force,
né en 1714, avait épousé, en 1730, Marie-Louise de Noailles, fille
du maréchal et sœur de la duchesse de Villars.

Le duc de Luynes au comte d'Argenson.

Versailles, 17 mai 1745.

J'ai des remerciements infinis à vous faire,
Monsieur, de la bonté que vous avez eue pour
M. de la Perdrix de Maison-Rouge que M. le Président Hénault vous avait recommandé à ma
prière, et de l'attention avec laquelle vous avez
bien voulu m'instruire de ce que vous avez
fait pour lui. Vous augmentez vos bienfaits par
les grâces dont vous les accompagnez. Mais je ne
puis vous parler dans ce moment que de la glorieuse journée de Fontenoy dont vous venez
d'être témoin. Les sages dispositions faites auparavant l'action, les mesures promptes et prises à
propos dans les moments décisifs sont bien dignes
d'admiration. Il semble que la victoire n'ait ba-
lancé que pour faire paraître le Roi et Mgr le
Dauphin encore plus grands. Nous ne pouvons
cesser de lire dans toutes les relations le sang-
froid, la netteté et la précision avec laquelle Sa
Majesté a donné ses ordres. Combien n'avez-vous
point été effrayé, Monsieur, des dangers auxquels
ils se sont exposés ! Ils sont les seuls qui n'y ont
fait nulle attention. Je n'oserais pas vous supplier
de leur faire ma cour, et de leur présenter à tous
deux mes hommages, et mon profond respect.
Vous êtes plus à portée que personne de trouver
les moments favorables, et de faire valoir les sentiments de l'attachement le plus fidèle et le plus
sincère. Quelle part n'avez-vous pas, Monsieur, à

tous ces glorieux événements ! Les premiers arrangements décident des succès, et il y a longtemps
que je pense que vous serez toujours supérieur à
tout ce que vous voudrez entreprendre. Permettez-moi encore de vous marquer ma joie de la
bonne santé de votre fils. Les dangers qu'il a
courus font trembler. Heureusement ils n'ont servi
qu'à augmenter sa gloire et votre satisfaction.

Personne n'a l'honneur d'être plus parfaitement,
Monsieur, votre très humble et très obéissant serviteur.

LE DUC DE LUYNES (1).

[1748].

Je voulais, Monsieur, recommander mon fils (²)
à vos bontés. Le cruel accident qui vient d'arriver
le pénétrera de douleur, parce qu'il aimait beaucoup M. de Coigny (³). Mais je crois que sa famille
ne peut pas trouver mauvais que le mestre de
camp général des dragons demande la charge de
colonel général. Les arrangements seront faciles à
faire. Lorsqu'il en sera temps, nous vous supplions tous de présenter au Roi nos justes raisons (⁴).

1. Charles-Philippe d'Albert, duc de Luynes, né en 1695, mort
en 1758. Auteur des *Mémoires*.

2. Marie-Charles-Louis d'Albert, duc de Chevreuse, mestre de
camp général des dragons en 1736, lieutenant-général en 1748,
colonel-général des dragons en 1754.

3. Jean-Antoine-François, marquis de Coigny, colonel-général
des dragons, mort le 4 mars 1748.

4. Dans la nuit du 4 mars 1748, le comte de Coigny, colonel-
général des dragons, parti de Paris dans sa chaise pour aller coucher à Versailles, était trouvé mort sur la route. Cette fin tra-

Il ne faut pas abuser de votre temps. J'apprends avec grand plaisir que votre santé est meilleure. Personne n'a l'honneur d'être plus parfaitement, Monsieur, votre très humble et très obéissant serviteur.

Le duc de Luynes.

La duchesse de Luynes au comte d'Argenson.

A Versailles, le 13 juillet 1745.

Votre courrier, Monsieur, n'est arrivé que cinq heures après le page du Roi, et a apporté des détails qui ont fait grand plaisir à la Reine, et à nous en particulier. Nous savions que M. de Chevreuse marchait aux ordres de M. de Lowendal, sans rien de plus. Tout a réussi à la satisfaction du Roi et à la vôtre, et je crois que vous êtes content de la manière dont vos projets ont été exécutés (¹). Vous avez eu grande part au choix des sujets que vous avez employés, cela me répond de la bonté avec laquelle vous aurez fait valoir leur zèle. Ici en toute sorte de confiance, je vous fais tous mes compliments sur cet événement, et je vous supplie d'être persuadé que personne, Monsieur, ne vous

gique, bientôt attribuée à un duel avec M. de Fitz-James ou avec le prince de Dombes, était due, assurent les *Mémoires* de Luynes, à un accident de voiture.

1. Le comte d'Argenson, pendant la campagne de 1745, dirigeait la conquête et l'occupation des Pays-Bas. Le 11 juillet, prise de Gand par Lowendal.

honore plus parfaitement et n'est avec plus de dévouement votre très humble et très obéissante
servante.

LA DUCHESSE DE LUYNES.

M. de Luynes est trop sensible à l'honneur de
votre amitié pour ne pas vous assurer de toute la
part qu'il prend à ce qui vous regarde.

La maréchale de Gramont au comte d'Argenson.

Vous perdez, Monsieur, un ami parfait, je perds
un fils qui faisait le bonheur de ma vie ([1]). Je suis
accablée de douleur.

Recevez, Monsieur, tous mes remerciements,
continuez vos bontés à mes malheureux petits-
enfants. Je vous supplie comme mon ami de faire
mes très respectueux remerciements au Roi, vous
me ferez parler comme il convient, je suis sans
force. Soyez, je vous supplie, persuadé, Monsieur,
de mon attachement qui n'aura de fin qu'avec ma
vie. J'ai l'honneur d'être votre très humble et très
obéissante servante.

LA MARÉCHALE DE GRAMONT ([2]).

A Paris, le 16e de mai.

[1745].

1. Le duc de Gramont venait d'être tué à Fontenoy.

2. Marie-Christine de Noailles, fille d'Anne-Jules, duc de Noailles,
maréchal de France, née le 4 août 1672, mariée le 12 mars 1687
à Antoine, comte de Guiche, puis duc de Gramont, maréchal de
France en 1724, veuve le 16 septembre 1725, morte le 17 février

Persuadée que vous ne seriez pas chez vous, Monsieur, j'ai l'honneur de vous écrire pour laisser ma lettre à votre suisse. Je viens de parler à Mgr le duc d'Orléans, sa disposition est bonne, il veut faire plaisir à Mme de Beaumanoir et à moi. Ce que nous demandons est une grâce de préférence ; j'ai un mémoire à vous présenter qui contient des preuves favorables pour nous. Je vous supplie très humblement, Monsieur, de me mander l'heure que je pourrai vous importuner demain un quart d'heure ; convenez que l'ennui sera court. J'ai l'honneur d'être, Monsieur, votre très humble et très obéissante servante.

LA MARÉCHALE DE GRAMONT.

Mardi, 15ᵉ de décembre (¹).

Recevez, Monsieur, les compliments de Mme de Beaumanoir (²).

Nous sommes, Mme de Beaumanoir et moi, dans la plus grande inquiétude de l'état de Mgr le duc de Chartres. Vous connaissez, Monsieur, notre respectueux attachement pour Mgr le duc d'Orléans ; je vous demande, Monsieur, comme une marque de l'honneur de votre amitié, de m'écrire

1748. Son fils avait épousé Geneviève de Gontaut, fille de Charles-Armand de Gontaut, duc de Biron, maréchal de France. Morte en 1756.

1. Cette lettre et les suivantes, toutes non datées, sont pour la plupart antérieures à l'année 1741.

2. Sœur de la maréchale de Gramont et de la comtesse de Toulouse.

des nouvelles de ces deux princes. Nous en savons par Mme d'Armagnac ([1]), l'intérêt vif nous en fait désirer plus souvent.

J'ai l'honneur d'être, Monsieur, votre très humble et très obéissante servante.

LA MARÉCHALE DE GRAMONT.

A Paris, le 24 de décembre.

Que votre lettre, Monsieur, me fait plaisir ! Je me laisse aller à l'espérance d'un avenir selon mon désir. Continuez, je vous supplie, Monsieur, de me faire l'honneur de m'écrire, parlez-moi de la santé de Mgr le duc d'Orléans, je vous supplie. J'ai l'honneur d'être, Monsieur, etc.

LA M. DE GRAMONT.

Mme de Beaumanoir pense comme moi, recevez, Monsieur, des compliments de sa part.

A Paris, le 27e de décembre.

J'ai reçu, Monsieur, les deux lettres que vous m'avez fait l'honneur de m'écrire hier au soir et ce matin. Cette dernière me donne une grande espérance. Je vous supplie très humblement, Monsieur, de continuer à m'écrire, je ne crains point de vous importuner ; je pense que votre attachement pour les deux princes vous donne plutôt de la satisfaction à en apprendre des nouvelles que de

1. Françoise-Adélaïde de Noailles, sœur du maréchal, mariée le 12 mai 1717 au prince Charles de Lorraine, grand écuyer de France.

la peine à m'écrire. J'ai l'honneur d'être, Monsieur, votre très humble et très obéissante servante.

LA MARÉCHALE DE GRAMONT.

A Paris, le 26º de décembre.

Mme de Beaumanoir vous remercie, Monsieur, de l'honneur de votre souvenir.

Je reçois, Monsieur, la lettre que vous m'avez fait l'honneur de m'écrire ce matin ; elle me donne le désir d'être à demain. J'attendrai avec impatience de vos nouvelles. J'ai l'honneur d'être, Monsieur, etc...

LA MARÉCHALE DE GRAMONT.

A Paris, le 29 de décembre.

Recevez, Monsieur, les compliments de Mme de Beaumanoir.

Vous m'inquiétez, Monsieur, et me donnez un grand désir d'être à demain. Je vous remercie très humblement de votre attention. J'ai l'honneur d'être, Monsieur, etc...

LA MARÉCHALE DE GRAMONT.

A Paris, le 30º de décembre.

Recevez, Monsieur, les compliments de Mme de Beaumanoir.

Mercredi à 3 heures.

Je reçois, Monsieur, la lettre que vous m'avez fait l'honneur de m'écrire ce matin. Je suis dans la plus grande satisfaction des nouvelles que vous me mandez. Je pense comme les enfants, je perds l'espérance au moment que l'état est mauvais, elle revient au moment du mieux, même sans aucun doute, mon désir d'être au lendemain subsiste, continuation de votre attention, Monsieur, je vous en supplie. J'ai l'honneur d'être votre très humble et très obéissante servante.

LA MARÉCHALE DE GRAMONT.

Mme de Beaumanoir pense comme moi. Recevez, Monsieur, des compliments de sa part.

Dimanche à 3 heures.

Je reçois, Monsieur, la lettre que vous m'avez fait l'honneur de m'écrire ce matin. Votre régularité excite en moi la plus grande reconnaissance. Continuez, je vous supplie. Je suis inquiète, je conserve cependant une espérance qui me soutient ; je suis bien aise que Mgr le duc d'Orléans soit soulagé des grandes douleurs que lui causait la goutte. Si vous le jugez à propos, Monsieur, je vous supplie de l'assurer de mon très profond respect. Mme de Beaumanoir vous demande la même grâce, elle vous fait mille compliments. J'ai l'honneur d'être, Monsieur, etc...

LA MARÉCHALE DE GRAMONT.

Dieu soit loué ! Voilà donc, Monsieur, le péril passé Ma joie est bien véritable et bien vive. Recevez mes très humbles remerciements de la bonté que vous avez eue de m'écrire tous les jours. Recevez aussi, Monsieur, les souhaits de Mme de Beaumanoir et les miens pour la bonne année. Que vous serez heureux, si vous l'êtes autant que nous le désirons ! J'ai l'honneur d'être, Monsieur, votre très humble et très obéissante servante.

LA MARÉCHALE DE GRAMONT.

A Paris, le 1er de l'an.

Nous vous supplions, Monsieur, Mme de Beaumanoir et moi, de parler de notre joie à Mgr le duc d'Orléans, et de l'assurer de nos profonds respects.

Votre vivacité, Monsieur, pour m'apprendre ce qui m'est agréable, augmente ma reconnaissance, recevez mes très humbles remerciements. Non, Monsieur, je vous ai dit la vérité, vous avez changé le sec en aimable. Je vous assure, Monsieur de mon attachement. J'ai l'honneur d'être etc...

LA MARÉCHALE DE GRAMONT.

Jeudi au soir à 9 heures.

Mme de Beaumanoir est fort contente de vous, Monsieur, elle vous fait ses très humbles remerciements,
Permettez que je vous supplie d'envoyer cette lettre à la duchesse de Gontaut.

Je vous supplie de me mander si M.le duc d'Orléans a prononcé selon les désirs de Mme de Beaumanoir et les miens. Vous entendrez, Monsieur, que nous sommes, dans cette occasion, inquiètes. J'ai l'honneur d'être, Monsieur etc.....

LA MARÉCHALE DE GRAMONT.

A Paris, le 19e de janvier.

Voilà les livres, Monsieur, pour les rendre...... Vous me l'avez promis, et promis de parler très fortement. Ce sera une marque de l'honneur de votre amitié de vous en donner la peine, et une bonne action que vous ferez. J'espère que les suites seront telles qu'il est à désirer. Je vous assure, Monsieur, de mon attachement, j'ai l'honneur d'être votre très humble et très obéissante servante.

LA MARÉCHALE DE GRAMONT.

Vendredi, 12e de juin.

A Paris le 3 octobre.

Qui vous ressemble, Monsieur, je ne le sais pas Malade, souffrant, vous conservez la même vivacité pour rendre service. Ma reconnaissance est au dessus de l'expression. J'ai l'honneur d'être, Monsieur, etc...

LA MARÉCHALE DE GRAMONT.

Je vous envoie, Monsieur, les billets que j'ai signés.

La duchesse de Châteauroux au comte d'Argenson.

A Lille, ce 29 juin 1744.

Je vous suis très obligée, Monsieur, de m'avoir envoyé le courrier de M. le prince de Conti (¹) ; je l'ai retardé d'une heure tout au plus. Je vous prie d'être persuadé que je serai toujours très aise d'avoir le plaisir de vous voir, et que je suis très sensible à toutes vos attentions. J'ai l'honneur d'être, Monsieur, votre très humble et très obéissante servante.

La D. de Chateauroux (²).

A Monsieur le comte d'Argenson, à l'armée de Flandre (³).

A Paris, ce 23 août 1744.

Je ne peux pas vous dire à quel point, Monsieur, je suis touchée des marques d'amitié que vous m'avez données dans toutes les occasions, mais surtout dans celle-ci (⁴). La douleur où je vous ai

1. Louis-François de Bourbon, prince de Conti, né en 1717, mort en 1776. En 1744, il commandait en Piémont.

2. Marie-Anne de Mailly-Nesle, née en 1717, mariée le 19 juin 1734 à Jean-Louis, marquis de la Tournelle, veuve le 2 novembre 1740, dame de la Reine le 4 octobre 1742, duchesse de Châteauroux en mars 1744, morte le 8 décembre 1744.

3. Mᵐᵉ de Châteauroux et Mᵐᵉ de Lauraguais étaient parties le 8 juin pour aller retrouver le Roi à Lille.

4. Le Roi avait ordonné l'éloignement de MMᵐᵉˢ de Châteauroux

vu de la perte du Roi et la conduite que vous avez tenue pendant sa maladie vous ont acquis en moi une amie bien véritable (¹) et sur laquelle vous pouvez compter à jamais. Heureuse si je pouvais vous en donner des preuves, et de tous les sentiments avec lesquels, j'ai l'honneur d'être, Monsieur, votre très humble et très obéissante servante.

La DUCHESSE DE CHATEAUROUX.

Voudriez-vous bien me faire le plaisir de faire tenir cette lettre à M. le Prince de Conti par une voie sûre, je vous en serais très obligée.

A Paris, ce 30 octobre .

L'on dit, monsieur, qu'il va y avoir une promotion. Je m'intéresse trop au marquis de Gontaut (²) pour ne vous le pas recommander, et j'espère que vous voudrez bien y faire quelques attentions. Il

et de Lauraguais. Le comte d'Argenson leur avait donné un courrier du Cabinet pour les conduire.

« *Ce courrier n'a point été donné par ordre du Roi* ; *c'est une attention de M. d'Argenson pour que ces dames fussent mieux servies.* » (Note du duc de Luynes).

1. Mme de Châteauroux, après sa disgrâce et son éloignement de Metz (août 1744), écrivait au duc de Richelieu, faisant allusion à une lettre que celui-ci avait reçue du comte d'Argenson : « C'est très bien à M. d'Argenson d'en user comme il fait avec vous, et j'en suis d'autant plus aise, qu'il est très nécessaire dans ce moment-ci d'avoir quelqu'un comme lui dans sa manche. Je vous dis que nous nous en tirerons... » (GONCOURT, *La duchesse de Châteauroux et ses sœurs*).

2. Charles-Antoine-Armand, fils du maréchal duc de Biron, maréchal de camp le 1er mai 1745, lieutenant-général le 10 mai 1748.

serait affreux pour lui de n'y être pas compris, et en vérité je crois que la blessure qu'il a eue parle en sa faveur, et mérite quelque préférence, s'il en a besoin. Elle a été si considérable qu'il ne peut pas encore se servir de son bras, et les eaux ne lui ont fait d'autre effet que de lui faire perdre de temps en temps la vue. Je vous aurai une véritable obligation si vous voulez bien faire valoir toutes ces bonnes raisons ; je regarderai cela comme une marque d'amitié que vous me donnerez, et j'y serai, je vous assure, très sensible, celle que j'ai pour vous étant on ne peut plus sincère. J'ai l'honneur d'être, Monsieur, votre très humble et très obéissante servante.

LA DUCHESSE DE CHATEAUROUX.

[De la main du comte d'Argenson : Rép. le 21 novembre 1744].

Je vous assure, Monsieur, que je vous fais tous nos compliments (¹), prenant beaucoup de part à tout ce qui vous regarde. J'ai reçu de vous trop de marques d'amitié pour n'en pas être reconnaissante ; de ma vie je ne les oublierai, et vous pouvez compter sur la mienne à jamais. J'ai l'honneur d'être, Monsieur, votre très humble et très obéissante servante.

LA DUCHESSE DE CHATEAUROUX.

Ce vendredi.

1. Pour la prise de Fribourg (8 novembre 1744).

La comtesse de Mailly au comte d'Argenson.

A Saint-Léger (¹), le 13 septembre 1741.

Je vous suis fort obligée, Monsieur, de la part que vous prenez à la perte que je viens de faire. Je ne doute point de la façon dont vous pensez sur ce qui me regarde, et je vous prie d'être bien persuadé aussi que je suis véritablement, Monsieur, votre très humble et très obéissante servante.

MAILLY DE MAILLY (²)

Il y a plaisir, Monsieur, de vous donner des commissions. Vous y mettez de la grâce et de l'exactitude, choses rares, qui augmentent ma reconnaissance. Elle est aussi sincère que l'attachement que je vous ai voué, ayant l'honneur d'être plus que personne, Monsieur, votre très humble et très obéissante servante.

MAILLY DE MAILLY.

1. Résidence de la comtesse de Toulouse, dans la forêt de Rambouillet.

2. Louise-Julie, fille de Louis de Mailly, marquis de Nesle, et d'Armande de la Porte-Mazarin, née le 16 mars 1710, mariée le 31 mai 1726 à Louis-Alexandre, comte de Mailly, cousin-germain de son père, dame de la Reine jusqu'en octobre 1742, morte le 30 mars 1751.

Mᵐᵉ de Mailly venait de perdre sa sœur Pauline-Félicité, comtesse de Vintimille, née en août 1712, mariée le 28 septembre 1739, morte le 10 septembre 1741.

Vous êtes informé sans doute, Monsieur, de
l'action brillante et presque incroyable que vient
de faire M. de Mailly d'Haucourt (¹) aux lignes de
Wissembourg. L'amitié infinie que j'ai pour lui m'y
fait prendre une part que je ne puis exprimer, et
je vois avec autant de plaisir que lorsque je me
suis intéressée pour lui auprès de vous, il le méritait essentiellement. C'est donc avec confiance que
je vais vous demander pour lui une grâce avec la
dernière instance, que l'on peut dire en vérité qu'il
a bien méritée, c'est celle, Monsieur, de vous intéresser auprès du Roi pour le faire maréchal de
camp. L'on a fait M. de Choiseul et le comte de
Noailles qui sont de son même temps, et il me
semble que le Roi vient de donner tant d'exemples
de distinction de cette espèce qu'elles autorisent
la grâce que je vous demande avec autant de justice que d'empressement. La réputation qu'il s'est
faite depuis longtemps, et qu'il vient d'augmenter
de la façon la plus brillante, prouve bien qu'il
est en état de remplir un grade dont il s'est rendu
vraiment digne, la justice seule parlerait donc en
sa faveur, si en même temps je ne pouvais vous
rappeler que vous m'avez promis de lui être en tout
temps utile. L'occasion en est des plus favorables, les exemples de distinction pour pareil grade
que le Roi vient de donner vous mettent en état
à juste titre de demander pour lui la même grâce,
et s'il ne la méritait pas aussi essentiellement, ce
serait le prétexte du monde le plus heureux, et il

1. Joseph-Augustin, comte de Mailly d'Haucourt, né en 1708,
lieutenant-général en 1748, maréchal de France le 13 juin 1783
mort sur l'échafaud en 1794.

n'en est aucun dans le corps qui peut se plaindre d'une distinction dont ils ont été témoins du sujet et dont le Roi vient de donner tant d'exemples. Je n'ai point de terme, Monsieur, assez pressant pour vous demander d'en parler avec instance au Roi, et comptant comme je le fais sur vous, je peux vous assurer que c'est la grâce du monde qui me sera la plus sensible. J'ai l'honneur d'être, Monsieur, votre très humble et très obéissante servante.

MAILLY DE MAILLY.

A Paris, le 15 juillet 1744.

Je reçois, Monsieur, une lettre deM. de Mailly d'Haucourt qui m'apprend avoir eu l'honneur de vous voir ; il me fait part des marques de bonté et de distinction dont vous l'avez honoré, et me parait les ressentir comme il le doit. Vous lui avez fait part, Monsieur, des deux lettres que j'ai eu l'honneur de vous écrire à son sujet ; je ne lui avais pas mandé dans l'espérance où j'étais qu'en contribuant auprès de vous à la grâce qu'il attend par l'intérêt le plus vif que je prends, je n'aurais qu'à lui marquer à quel point j'en partageais la satisfaction. Mais je vois, Monsieur, avec douleur par ce qu'il me mande qu'il n'a pas été aussi heureux dans le compte que l'on vous a rendu qu'il devait l'être, et que son action le méritait. Il me parait, ce me semble, en rejeter toute la faute sur M. le Maréchal de Coigny qui n'a point encore envoyé le détail de cette affaire ; il m'avait cependant mandé que M. de Coigny (1) lui

1. François de Franquetot, né en 1672, maréchal de France en

avait lui-même annoncé qu'il demàndait pour lui
le grade de maréchal de camp, et qu'il comptait
avant peu lui en faire son compliment. Une telle
grâce annoncée après une action aussi brillante
dont toute l'armée a été témoin, n'avait plus besoin que d'être méritée, Monsieur, auprès de vous
et le seul détail que vous en deviez recevoir m'assure que ma recommandation ne vous serait pas
importune. Je ne puis donc m'empêcher de vous
la renouveler avec la plus vive instance; elle regarde quelqu'un qui non seulement m'appartient,
mais qui est le seul à qui je m'intéresse véritablement. Je pourrais dire qu'il le mérite à tous les
égards, et je le fais avec d'autant plus de confiance que dans tous les temps vous avez connu
mon amitié pour lui, et que vous m'avez aussi
assurée en toute occasion de vos bontés pour lui.
J'avais par conséquent tout lieu de me flatter que
les seuls prétextes pouvaient même les lui procurer ; il n'en pouvait être de plus heureux que
celui du moment présent, si l'on pouvait appeler
ainsi une occasion dont la distinction en mérite
une par elle-même à juste titre. Pouvez-vous donc,
Monsieur, me refuser une grâce dans une occasion
aussi juste, lorsque je pouvais m'attendre que les
prétextes seuls auraient pu la lui procurer. La situation où je le vois me touche, je vous l'avoue,
trop vivement pour ne pas m'y intéresser auprès
de vous, Monsieur, de la façon la plus sensible. Il
me mande qu'il ne peut attribuer son malheur
qu'au corps où il est, et où par conséquent j'au-

juin 1734, créé duc de Coigny en 1747, mort le 18 décembre 1759.

rais des reproches infinis à me faire de l'avoir fait
rester malgré lui. Il m'ajoute qu'il a eu l'honneur
de vous le dire, et pour en sortir de vous demander
un régiment, mais que ne voyant nulle espérance
de l'obtenir, il n'est aucun parti qu'il ne prenne
plutôt que de rester dans un corps qui l'exclut
des grâces que partout ailleurs il eut méritées, et
vraisemblablement obtenues sans nulle difficulté.
Les exemples en sont de toute espèce en Italie, où
les grades de distinction y ont été accordés pour
des actions et des personnes vis-à-vis desquelles
M. de Mailly peut à juste titre être compté. Aussi,
Monsieur, ne puis-je vous exprimer à quel point
sa situation me touche, et si j'ai eu lieu de compter
sur votre façon de penser pour moi, je ne pourrais
vous en demander une marque dans une occasion
plus intéressante ni plus essentielle. J'ai l'honneur
d'être, Monsieur, votre très humble et très obéissante servante.

MAILLY DE MAILLY.

Le 4 septembre 1744.

Le 5 janvier 1745.

Vous connaissez, Monsieur, mon attachement
pour le Père Renaud (¹), de l'Oratoire; il dépend
de vous de m'aider à lui prouver, et je compte
assez sur votre amitié pour m'en flatter par avance.
La recette du grenier à sel d'Hyères est prête à
vaquer; quoique cet emploi ne soit qu'un objet de

1. Mme de Mailly écrit *Raignaud.* Sa conversion est due à un
sermon de ce religieux.

huit cents livres, il ferait la fortune du frère du
Père Renaud qui demeure à Hyères. Je me suis
adressée à M. le Controleur général qui me l'aurait
accordé sans vous ; il a répondu que vous lui aviez
demandé pour quelqu'un que vous protégiez, et
je n'ai plus d'espérance qu'en votre amitié. Je vous
demande, Monsieur, avec la plus vive instance de
me donner la préférance sur votre protégé. La réponse de M. le Controleur général doit vous prouver
l'envie qu'il a de vous servir, et qu'il en saisira
toutes les occasions, et je ne puis avoir que celle-
ci d'obliger le P. Renaud. Il y a même apparence
qu'en me rendant ce service vous en rendrez un à
la personne pour qui vous vous intéressez, parce
qu'il n'est pas possible que le premier emploi qui
vaquera ne vaille pas mieux que celui-ci. J'ai
l'honneur d'être, Monsieur, votre très humble et
très obéissante servante.

MAILLY DE MAILLY.

Je ne puis être, Monsieur, un aussi long temps
sans vous donner moi-même des nouvelles de notre
enfant (¹). Je l'ai vue à la Magdelaine et j'en ai
été si contente que je ne puis assez vous renouveler
ce que souvent nous en avons dit ensemble. Sa
santé est très bonne, et elle me parait fort contente de ses voyages de Bagnolet (²). Je lui ai dit

1. Jeanne-Marie-Constance de Mailly, née le 12 décembre 1734,
fille du maréchal et de sa première femme, Constance Colbert de
Torcy, accordée le 20 avril 1745 et mariée le 10 janvier 1747 à
Marc-René, marquis de Voyer, fils du comte d'Argenson.

2. Maison appartenant à la duchesse d'Orléans.

que je comptais vous donner de ses nouvelles ;
elle m'a paru être fort occupée de vous, mais de
vous personnellement, et je ne sais pas si notre
grand fils n'en serait pas jaloux. Elle m'a paru
au reste avoir partagé son cœur entre vous, M. son
mari, et son père dont pourtant elle raffole un peu.
Il lui manda il y a quelques jours qu'avant deux
mois il comptait l'embrasser ; c'est un secret qu'il
m'a confié jusqu'au point même de me charger de
son trousseau comme de celui de sa fille, en lui
faisant faire un habit de lieutenant-général qu'il
compte, à ce qu'il me mande, venir recevoir de
moi au plus tôt dans deux mois d'ici. Il me parait
comblé, et les attentions de MM. de Belle-Isle dont
avec raison il vous regarde l'objet, le remplissent
en même temps vis-à-vis de vous, Monsieur, de la
plus vive reconnaissance. J'en suis, je vous l'avoue,
presque aussi satisfaite que lui ; le voilà enfin où
depuis longtemps il restait uniquement occupé
d'arriver. Les circonstances l'avaient mal servi,
et il n'a pas jusqu'à présent été heureux, quoiqu'il
faille l'avouer qu'il s'y est livré tout entier, et qu'il
n'y ait aussi qu'une voix sur son compte à ce
sujet. J'espère que nous ne tarderons pas à le
voir, et je serai charmée d'apprendre par lui, Monsieur, de vos nouvelles, dont vous n'ignorez pas, je
me flatte, tout l'intérêt sensible que je prends.
J'ai l'honneur d'être votre très humble et très
obéissante servante.

MAILLY DE MAILLY.

Le 22 juillet 1747.

La duchesse de Lauraguais au comte d'Argenson.

Ce 18 novembre 1744.

Je prends trop de part à tout ce qui peut vous
être agréable, Monsieur, pour ne vous pas faire mon
compliment (¹), et je me flatte que vous ne doutez
pas de sa sincérité, et que personne n'est plus vé-
ritabement que moi, Monsieur, votre très humble
et très obéissante servante.

MAILLY DUCHESSE DE LAURAGUAIS (²).

La marquise de Flavacourt au comte d'Argenson.

N'osant aller chez vous, Monsieur, dans la
crainte que M. de Flavacourt (³) ne se doutât du
sujet de ma visite, j'avais chargé M. de Surgères
de vous prier de ma part de faire partir M. de Flavacourt en même temps que son colonel. Je vous
supplie de le lui ordonner, quoiqu'il dise avoir
des affaires. Je vous en serais infiniment obligée,
et j'irai vous en remercier après son départ. J'ai

1. Prise de Fribourg, en présence du Roi (8 novembre 1744).
2. Diane-Adélaïde de Mailly-Nesle, née en mars 1714, mariée
le 19 janvier 1742 à Louis de Brancas, duc de Lauraguais, nommée
en 1744 dame d'atours de la Dauphine, morte le 30 novembre 1769.
3. François-Marie de Fouilleuse, marquis de Flavacourt, né en
1708, maréchal de camp du 2 mai 1744.

l'honneur d'être. Monsieur, votre très humble et très obéissante servante.

MAILLY DE FLAVACOURT (¹).

Ce 15 mars.

J'ai passé chez vous, Monsieur, avant ma petite vérole pour avoir l'honneur de vous rendre compte des démarches que j'avais faites pour M. de Flavacourt. On vient de me dire que l'on avait parlé au Roi et que cela dépendait de vous à présent. Je me flatte, après les espérances que vous m'avez données, que vous voudrez bien y faire de votre mieux. C'est à vous seul que j'en aurai toute l'obligation, car si cela réussit, c'est à vos conseils à qui je le dois ; ma reconnaissance durera toute ma vie. Comme je ne puis paraître encore dans le monde, c'est ce qui m'empêche d'avoir l'honneur de vous voir, mais je vous demande en grâce de ne me point oublier, et d'être persuadé que personne n'a l'honneur d'être plus sincèrement que moi, Monsieur, votre très humble et très obéissante servante.

MAILLY DE FLAVACOURT.

A Versailles, ce 16 juin 1744.

Je suis pénétrée de douleur, Monsieur, de voir que M. de Flavacourt a été oublié dans la promo-

1. Hortense-Félicité de Mailly-Nesle, née le 11 février 1715, mariée le 20 janvier 1739 au marquis de Flavacourt, dame du palais de la Reine. Elle était encore vivante en l'an VII.

tion. Je m'adresse à vous pour vous supplier en grâce de parler au Roi en sa faveur, car outre que je m'intéresse à son avancement comme de raison, je vous avouerai franchement que c'est d'une grande conséquence pour moi. Peut-être ne serais je pas la maîtresse de l'empêcher de faire la sottise de quitter le service, mais j'en serais désolée, et ma situation deviendrait assez fâcheuse. Je me flatte que vous voudrez bien entrer dans ma peine; je vous demande avec instance d'y faire de votre mieux, j'en aurai une reconnaissance éternelle. J'ai l'honneur d'être, monsieur, votre très humble et très obéissante servante.

MAILLY DE FLAVACOURT.

Je vous supplie, Monsieur, de ne point montrer cette lettre à M. de Flavacourt.

[De la main du comte d'Argenson : Rép. le 1er juillet 1744].

Dans la crainte que ma première lettre ne vous ait point été rendue, Monsieur, j'ai l'honneur de vous écrire celle-ci pour vous réitérer mes prières. Je vous demande en grâce de vouloir bien parler au Roi pour M. de Flavacourt, car je serais très fâchée qu'il quittât le service. Si par malheur il n'était pas compris dans le supplément que l'on dit qu'il y aura après la prise d'Ypres (¹), je prévois que l'on ne pourrait pas l'en empêcher, et ce serait un grand chagrin pour moi (²). J'espère

1. Le 24 juin 1744.
2. Les Goncourt, dans leur livre sur *la duchesse de Châteauroux*

que vous voudrez bien entrer dans ma peine et
avoir pitié de moi, je vous en aurai une obligation infinie. J'ai l'honneur d'être, Monsieur, votre
très humble et très obéissante servante.

MAILLY DE FLAVACOURT.

et ses sœurs, disent de même que Mme de Flavacourt était décidée
à ne pas retourner vivre avec son mari.

LETTRES DU CARDINAL DE TENCIN

Le cardinal de Tencin (¹) *au comte d'Argenson*

Rome, 7 août [1739].

Pendant que tout Paris se fait écrire à votre porte, Monsieur, pardonnez-moi l'importunité d'une lettre, et recevez mon compliment avec tous ceux que vous attire le mariage de Mademoiselle votre nièce (²). Pouvais-je laisser passer cette occasion de vous renouveler les assurances de tous les sentiments que vous me connaissez pour vous ? Je porterai partout et je conserverai toujours l'estime, la tendresse et le respect que l'idée que j'ai de vous et vos bontés m'ont inspirés.

LE CARDINAL DE TENCIN.

1. Pierre Guérin de Tencin, né à Grenoble le 22 août 1680, archevêque d'Embrun le 2 juillet 1724, cardinal le 23 février 1739, archevêque de Lyon (1740), ministre d'Etat le 30 août 1742, mort en 1758. Nous ne donnons ici qu'une partie des lettres du cardinal de Tencin, celles qui ont un caractère intime. Les autres seront publiées avec la correspondance politique du comte d'Argenson.

2. Mlle de Collandre, mariée à Gabriel-Armand de Montmorin, comte de Saint-Hérem.

A Rome, le 18 décembre 1739.

Ce que vous souhaitez, Monsieur, est fait, et fait en 24 heures. Je ne me suis jamais senti plus d'activité; vous connaissez les sentiments qui me l'ont inspirée. Je suis d'autant plus charmé d'avoir réussi que la grâce était très difficile, et cela au point que, malgré tout mon zèle pour vous servir je vous prie très instamment de ne m'en demander jamais une pareille. On mit dans la Provision : *ex gratia speciali* et *quæ non transeat exemplum.* Je suis à vos ordres pour toute autre chose, je ne reculerai sur rien. Ne craignez pas plus que moi de m'éprouver, et soyez persuadé que vous ne sauriez mieux payer mon tendre et respec- tueux attachement.

Le cardinal de Tencin.

A Rome, le 25 août 1740.

Le Roi vient de vous donner une belle place, Monsieur, cependant je vous en ferais mon com- pliment avec beaucoup moins de plaisir, si je ne la regardais comme un degré pour monter à quelque chose de mieux encore (1), et où vos ta- lents paraitront avec plus d'éclat. Ils vous ap- pellent à tout. J'y mettrai mes espérances. Qu'elles

---

1. Le comte d'Argenson, président du Grand Conseil en 1739, venait d'être nommé intendant de Paris le 3 août 1740. Il sera ministre d'Etat en août 1742, ministre et secrétaire d'Etat de la Guerre le 8 janvier 1743. Reçu à l'Académie des Sciences le 31 août 1726, il fera partie de l'Académie des Inscriptions en 1749.

sont flatteuses, Monsieur, pour quelqu'un qui vous est aussi tendrement attaché et aussi par·faitement dévoué que

Le cardinal de Tencin.

A Rome, le 14 octobre 1740.

J'ai reçu presque en même temps, Monsieur, et vos remerciements et votre compliment. Je ne pourrais mieux vous faire les miens qu'en vous renvoyant les vôtres. J'y ai trouvé toutes les expressions les plus propres à vous faire connaître ma vive reconnaissance, et je me flatte que c'est vous dire beaucoup.

J'ai bien senti que votre nouvelle situation serait plus tranquille ; mais je n'entends point du tout qu'elle soit stable. Vos talents vous doivent mener plus loin. Je le désire également comme votre ami et comme bon citoyen.

J'ai pleuré pour vous et pour moi Mme la duchesse de Gontaut (¹). Ses maux étaient sans remède dès qu'ils n'ont pu être guéris par la joie que lui avait causé le changement de votre situation.

Indépendamment de l'intérêt que j'ai à croire que vous êtes très capable de sentiment, j'en ai trop de preuves pour n'en être pas intimement persuadé. Je me flatte que vous ne rendez pas moins de justice au tendre et respectueux atta-

1. Marie-Adélaïde de Gramont, mariée en 1715 à Charles-François-Armand, duc de Gontaut, morte le 25 août 1740.

chement avec lequel je vous suis, Monsieur, inviolablement dévoué.

LE CARDINAL DE TENCIN.

A Monsieur le comte d'Argenson, ministre d'Etat,

A Lyon, le 1er septembre 1742.

Les compliments sont réciproques entre nous,
Monsieur. Je me flatte qu'il en est de même de
la sincérité de nos sentiments, amitié, respect,
attachement.

Ce 8 décembre 1742.

Il m'a été impossible d'aller ce matin à Issy (1),
mon cher frère, et j'ai bien envie de n'y point
aller après dîner pour vous laisser seul. J'y pas-
serai demain en allant à Versailles. Tendres
amitiés, mon cher frère.

Ce lundi matin.

On ne m'a rien dit pour ce matin, mon cher
frère, ainsi je vous attendrai chez moi pour nous
rendre à Issy à notre heure ordinaire. Mille tendres
amitiés.

A Paris, le 11 août 1744.

Autant que m'a causé de joie la nouvelle de
Prusse, mon cher frère, autant m'afflige l'incom-

1. Chez le cardinal de Fleury.

modité du Roi (¹), 1º par rapport à lui, 2º par rapport à la chose publique et à la gloire de ses armes. Deux jours de retardement peuvent être bien avantageux au Prince Charles.

Je vais presser M. de Saint-Séverin (²) et M. d'Allion (³). Dévouement tendre et inviolable, mon cher frère.

T.

Vous entendrez parler d'une émeute arrivée à Lyon, je crains bien qu'on ne prenne un mauvais parti.

A Versailles, 13 août 1744.

Vous croyez bien, mon cher frère, que nous avons tous ici la tête renversée. On voulait faire partir sur le champ Dumoulin ; le billet de 5 heures du matin rassurant un peu, la Reine prend le parti de dépêcher un courrier pour savoir si l'on veut de Dumoulin qu'en tout cas on fera tenir prêt à partir.

La Reine me charge de vous dire mille choses pour elle, et qu'elle ne vous écrit pas parce qu'elle n'en a pas la force.

Je suis, mon cher frère etc...

T.

1. La maladie du Roi à Metz.

2. Le comte de Saint-Séverin, né en 1705, envoyé du duc de Parme à Paris en 1725, passé au service de la France en 1736, venait d'être nommé, en 1744, ambassadeur extraordinaire auprès de l'électeur de Saxe, roi de Pologne.

3. D'Usson d'Alion, chargé d'affaires, en Russie, après la disgrâce du marquis de la Chétardie.

A Paris, le 14 août 1744.

Je reçois, mon cher frère, la lettre dont vous m'avez honoré le 12 à 3 heures après midi. Elle soutient mes espérances, mais elle ne les remplira que quand le temps du redoublement sera passé. On voit ici sur les physionomies des mouvements bien différents ; ce sera matière à conversation de nos dîners. M. de Châtillon (¹) proposa hier à la Reine et la pressa même de faire partir sur le champ Dumoulin, et me somma de donner mon avis. Je répondis qu'il y avait des gens assez sages auprès du Roi pour appeler du secours de Paris s'ils le jugeaient nécessaire.

Je crains bien que nous ne profitions pas en Allemagne des moments favorables. Avec de la résolution et de l'activité, on taillerait en pièces du moins une partie de l'armée du prince Charles.

Je parlerai à M. de Saint-Séverin, pour hâter son départ. J'ai éprouvé que rien n'était si inutile que les instructions de nos ministres étrangers ; c'est un ouvrage mécanique de bureau et rien de plus. Il suffit qu'il n'y ait rien de mauvais. Telles sont les instructions que nous avons vues.

Je suis pressé par l'heure du Conseil ; je vous quitte, mon cher frère, en vous assurant que ce nom-là convient mieux dans ma bouche que dans celle de tout autre.

1. Le duc de Châtillon, gouverneur du Dauphin, né en 1690, mort en 1754.

A Versailles, le 15 août [1744].

Quelle affreuse catastrophe ! mon cher frère.
Espérons cependant, le Roi est jeune et courageux.
Vous ne doutez pas du désir que j'aurais d'être
auprès de S. M. ; faites à cet égard ce que votre
prudence et votre amitié vous suggéreront. La
douleur ne nous doit pas détourner de son service, nous devons redoubler de zèle dans une
conjoncture si critique.

M. de Saint-Séverin est prêt à partir dans 8 ou
10 jours sans faute. Si le comte de Loss (1) obtient
des passeports, il dirigera sa route par Bruxelles,
c'est la plus droite et la plus courte. Mais en ce
cas-là il faudrait m'envoyer l'instruction ou à lui,
accompagnée du mémoire. Si les passeports ne
viennent point, il prendra la route de Metz ; il y
a apparence que dans peu le chemin de Francfort sera libre.

Le départ de M. d'Allion n'est pas moins pressé,
Il serait bien important que la Czarine ne prît des
engagements contre nous ou contre le R. de Prusse.
On pourrait faire pour d'Allion ce que je propose
pour Saint-Séverin.

Vous savez que le R. de Prusse demande avec
beaucoup d'empressement que l'on agisse pour
détacher le R. de Sardaigne, et cela en effet serait
bien désirable. Chambrier (2) me pressant sur cela
et moi lui faisant comprendre que nous ne le
pouvions pas, je lui dis : que ne parlez-vous vous-

1. Envoyé extraordinaire du roi de Pologne électeur de Saxe.
2. Le baron Le Chambrier, ministre de Prusse.

même à l'ambassadeur d'Espagne de la part de votre maitre ? Il l'a fait. Campo-Florido (¹) écrira à sa Cour ce qui s'est passé entre lui et Chambrier, en ajoutant que nous n'avons point voulu entendre parler de pareilles négociations.

Je compte que nous ne laisserons pas échapper en Alsace le prince Charles. La partie est sûre pour nous. Quand nous serions battus, le Prince Charles n'en marcherait pas moins au secours de la Bohème. Prenons garde par une conduite molle et timide de décourager le R. de Prusse.

Le trouble où je suis ne m'empêche pas de raisonner, mon cher frère. Mon attachement pour vous, mon cher frère et mon dévouement sont inviolables.

A Paris, le 15 au soir.

J'ai eu l'honneur de vous écrire ce matin, mon cher frère, et vous ai marqué que je m'en rapportais à votre prudence et à votre amitié, pour juger s'il convenait que vous demandassiez pour moi au Roi la permission de me rendre auprès de lui (²). Cette permission devient encore plus désirable parce que j'apprends que M. de Maurepas partirait cette nuit, et je suppose qu'il a une permission. Sans quoi ce serait, à ce qui me semble, une demande bien hasardée. Je suis dans l'huile bouillante, mon cher frère. Je vous renouvelle mon attachement tendre et inviolable.

[Août 1744].

1. Le prince de Campo-Florido, ambassadeur d'Espagne, disgrâcié après la mort de Philippe V (1746).

2. A Metz.

A Paris, le 17 août 1744.

Les nouvelles que la Reine a envoyées aujour-
d'hui à la Reine de Pologne ont remis quelque calme
dans mon âme, mon cher frère, mais l'état où je
suis, quoique bien meilleur, demande encore plus
de certitude et pour avoir cette certitude je fais
partir ce courrier que je vous prie de me renvoyer
le plus tôt qu'il sera possible. La consternation
et la douleur étaient hier dimanche au dernier
comble ; tout était en pleurs, les églises étaient
pleines jusqu'au milieu des rues, il y avait des
gens sans nombre de tous états sur les avenues
et à la poste. On se parlait sans se connaître pour
se faire part de ses craintes, il semblait que chacun
plaignait son père ou son enfant. La joie est aussi
extrême aujourd'hui que l'était hier la douleur.
Le bas peuple se cotisait ce matin pour faire dire
des messes en actions de grâces. Des preuves si
naturelles d'amour et de tendresse doivent donner
au Roi une grande satisfaction. Ce qui s'est passé
en moi à cette occasion me fait sentir la joie que
vous aurez vous-même. Je vous ai déjà mandé le
désir extrême que j'aurais d'aller faire ma cour
à S. M. mais que je laissais à votre sagesse et à
votre amitié le soin d'en demander la permission, si vous jugiez que la demande ne soit pas
une importunité.

Il me paraît que nos armées sur le Rhin sont en
mouvement; j'espère qu'elles ne laisseront pas
échapper le prince Charles qu'il ne lui en coûte
bon.

Je ne doute pas que vous ne profitiez des pre-

miers moments favorables pour prendre l'ordre du
Roi nécessaire pour faire payer les cent mille écus
à l'Électeur Palatin que Montmartel (¹) est prêt
d'avancer.

Vous pourriez bien aussi, à ce qui me semble,
écrire ou faire écrire à du Theil (²) quelque chose
qui autorise Montmartel à payer à d'Allion ce
qu'on lui a promis afin de le mettre en état de
partir. Redoublons, comme vous le dites, mon
cher frère, de zèle et d'activité pour que le service
du Roi ne souffre pas de la cruelle maladie du
Roi.

Adieu, mon cher frère, amitié tendre, attachement inviolable.

A Paris, le 20 août 1744.

Je viens de recevoir, mon cher frère, la lettre
dont vous m'avez honoré le 18 à 10 heures du
du soir. Celle-ci ira par Livry en attendant que
j'écrive par le courrier du controleur général. Je
suis persuadé que tout ce que vous proposez sera
fait; une partie l'est déjà à la suite d'une conversation très vive que j'eus il y a 2 jours. Je vous
embrasse, mon cher frère, ma fraternité vous est
bien dévouée.

M. Orry fait tout ce qu'on lui demande ; apparemment qu'il vous renvoie votre courrier.

Ayez la bonté de remettre cette lettre à la
Reine.

1. Pâris-Montmartel, trésorier général des Ponts et Chaussées
né en 1690, mort en 1766.

2. Principal commis du ministère des Affaires étrangères.

Ce 21 août 1744.

Je partirai demain matin, mon cher frère, je
serai précédé de M. de Maurepas. Je veux avant de
partir tirer parole de M. de Saint-Séverin et de
M. d'Allion qu'ils se rendront incessamment à
Metz, pour aller tout de suite à leur destination.

Ma fraternité vous est, mon cher frère, tendrement dévouée.

Il y a 8 jours que je n'ai dormi.

A Paris, le 18 octobre 1744.

Je ne reçus qu'hier, mon cher frère, la lettre
dont vous m'avez honoré le 11 ; j'exécuterai les
ordres que vous m'y donnez de la part du Roi, et
j'aurai l'honneur d'en rendre compte à S.M.

Je suis bien aise que le maréchal de Coigny ait
été reçu avec bonté, il le mérite certainement.
Quiconque ose raisonner sur son compte n'aurait
peut-être pas aussi bien fait que lui, et aucun n'a
par devers lui tant de si belles et de si grandes actions.

Je ne suis pas aussi poltron que vous l'imaginez et que mon habit le comporte, et si j'avais
eu l'honneur de suivre le Roi, mon frère aurait vu
son aîné à la tranchée. Sans vouloir non plus que
vous me mêler de *présager*, je vous dirai que je ne
suis point inquiet de Fribourg, mais je le suis
beaucoup de Coni, et de ses suites.

Je ne me console point de la publicité que l'on
a donnée à la marche d'une armée du Roi en West-
phalie, à moins que les nouvelles du Nord n'aient

obligé de changer de dessein, et qu'on ne soit pas
fâché de donner le change au roi d'Angleterre.

Vous avez signé votre lettre, je me flatte que
c'est par inadvertance, je serais bien offensé que
vous ne pussiez me soupçonner de vous oublier,
ou que vous aimassiez moins un frère qui vous
est tendrement attaché, qui l'a toujours été et le
sera toujours.

Versailles, 14 mai 1745.

Je vous fais mon compliment, mon cher frère,
sur la mémorable journée du 11, et par la part que
vous y avez, et par celle que nous prenons tous à
la gloire de notre maître.

Vous savez, mon cher frère, combien je vous
suis tendrement attaché.

T.

Paris, 17 mai 1745.

J'ai senti bien vivement dans l'occasion présente
le malheur du maréchal de Belle-Isle (1). S'il
n'avait pas été prisonnier, il aurait été à la bataille (2) ; vraisemblablement il s'y serait distingué,
et il aurait pu concourir pour le régiment des
gardes. Je pense sans faire tort aux autres qu'il
aurait été très propre à remettre dans ce corps là
la volonté et la discipline qui y manquent.

Vous avez été beaucoup trop modeste dans la
relation du combat. Toutes les lettres particu-

1. En se rendant de Cassel à Berlin, le maréchal avait été fait
prisonnier avec son frère et transporté en Angleterre.
2. La bataille de Fontenoy.

lières qui nous viennent portent la perte des ennemis beaucoup plus haut que ne fait la relation.

J'honore mon cher frère et je l'aime de tout mon
cœur.

Paris, 24 juin 1745.

La prise de la citadelle de Tournay mérite bien
un petit compliment au ministre de la Guerre,
auquel doit se rapporter tout ce qui arrive de
bien dans cette partie. Aimez-moi toujours, mon
cher frère, mon attachement et mon dévouement
sont inviolables.

Paris, 7 juillet 1745.

J'ai reçu, mon cher frère, les ordres du Roi que
vous m'avez adressés le 4 de ce mois pour me
trouver à la naissance de l'enfant que Mme la duchesse de Chartres (¹) doit mettre au monde et ce,
lorsque j'en serai averti par S.A.R. et par M. le
duc d'Orléans.

Voici le reçu de M. Mouffle pour le paiement du
Régiment de Guyenne. Je vous supplie de me
faire adresser le brevet de Pusignieux (²) ou les
lettres pour commander le dit régiment au défaut
du brevet afin que les lui fasse tenir où il sera.

Je vous embrasse, mon cher frère, et vous suis
tendrement attaché.

Paris, 13 juillet 1745.

Je reviens de Saint-Cloud, mon très cher frère,
où j'avais été appelé à 4 heures du matin par l'A.R.

1. Louise-Henriette de Bourbon-Conti, née en 1726, mariée le
17 décembre 1743 à Louis-Philippe d'Orléans, duc de Chartres.
2. Neveu du cardinal de Tencin.

10

Je suis arrivé trop tard ainsi que tous les autres, excepté M.M. de Saint-Florentin et de Maurepas qui y avaient couché. Mais il n'y a pas grand mal puisqu'il n'a été question que d'une fille.

Nos succès en Flandre sont magnifiques; l'honneur qui vous en revient me les rend encore plus sensibles. J'ai l'honneur de vous faire mon compliment sur la perte que M. votre frère vient de faire.

Je vous prie de vous ressouvenir du brevet de Pusignieux et d'aimer toujours votre frère qui vous est tendrement attaché.

Lyon, 20 juin 1745.

Votre éminent frère est touché comme il doit l'être de la promptitude avec laquelle vous avez répondu à la lettre qu'il eut l'honneur de vous écrire en partant de Paris. Ce début obligeant lui fait espérer que la suite ne le sera pas moins. Je ne veux pourtant pas qu'il vous en coûte trop. Je connais l'accablement où vous êtes, et je souhaiterais de tout mon cœur de pouvoir vous soulager dans l'immensité de votre travail, bien loin de contribuer à l'augmenter. Il me suffira de recevoir dans les occasions importantes des marques de la continuation de votre confiance, ayez seulement la bonté de vous ressouvenir que vous m'avez promis de charger quelqu'un de m'écrire des bulletins plus nourris que les communs.

Voilà l'armée du Roi en mouvement. Dès lors elle fera sûrement quelque chose de bon. Il semble que l'armée d'Italie ait fait jusqu'ici tout ce qui lui a été possible, mais pouvons-nous avoir sur terre des succès qui, quelques brillants qu'ils soient, nous dédommagent de ce que nous avons perdu et que nous perdons sur mer ? M. de Maurepas est bien heureux de pouvoir se divertir à Pontchartrain, et M.de Machault avec lui, au milieu d'événements qui tombent si à plomb sur eux. Pour moi j'ai le cœur serré, et je n'en reviens point parce que je n'aperçois pas de fin à nos maux. Nos ennemis sentent bien qu'en continuant la guerre encore un an ou deux ils nous enlèveront toutes nos colonies.

J'ai passé une après-dîner dans votre fonderie, Les ouvrages de Mari sont admirables et il explique sa machine avec une netteté et une précision dignes d'un académicien. Je compte voir aussi la la manufacture de fusils en allant faire ma visite à Saint-Etienne.

Le prince Charles a été fêté ici de toutes les façons. Il a fait presque tous les jours des séances à table de 3 ou 4 heures et il a été annoncé sur les affiches de la comédie sous le titre d'Altesse Sérénissime. Il n'a point eu de mon marasquin, il est réservé pour mon frère auquel je voudrais pouvoir offrir de l'or potable avec les assurances du plus tendre et du plus fidèle attachement.

Paris, 27 juillet 1745.

La prise d'Oudenarde mérite bien un compliment, mon cher frère, vous croyez bien que c'est de tout mon cœur que je m'en acquitte. Vous faites des choses surprenantes en Flandre, que n'en est-il de même sur le Rhin ? Peut-être n'y peut-on pas faire mieux, c'est ce que j'ignore. Il ne revient que du bien d'Italie, et surtout du Maréchal de Maillebois. J'en suis comblé.

Voici un mémoire pour Chabert; à moins que vous ne fassiez la chose par vous-même, il n'obtiendra rien ici. L'air du bureau, comme vous le savez bien, n'est pas pour lui.

J'ai déjà songé à un mariage pour M. votre neveu (¹). On doit même vous lâcher quelque propos. On a vues ultérieures où tout le monde trouverait son avantage, mais cette besogne doit être renvoyée à la fin de la campagne.

Dévouement tendre et inviolable à mon cher frère.   T.

Paris, 17 mai 1746.

Il est bien temps, mon cher frère, que je vous fasse une petite caresse. J'ai pris part à votre goutte, je me suis fait informer de votre état, j'ai su que l'esprit et le corps n'avaient point été abattus. Il faut avouer que la Providence vous sert bien. Vous pourriez bien en attribuer quelque chose à la ferveur de mes prières pour vous. Vous ne tarderez pas à les mettre en œuvre pour remercier Dieu de quelque grand événement. Celui d'Ecosse me consterne (²).

Les affaires en Italie se soutiennent cahincaha (³), il en est presque ainsi de mes espérances pour la paix.

1. Le marquis de Paulmy.
2. La déroute des partisans du prince Charles-Edouard après la bataille de Culloden.
3. Le maréchal de Maillebois, vainqueur à Bassignano (1745). était obligé, après sa défaite de Plaisance, de se retirer sur le Var,

Je vous embrasse, mon cher frère, et je vous suis tendrement dévoué.

Lyon, 21 février 1752.

La lettre dont vous m'avez honoré le 13, mon cher frère, a été pour moi d'une grande consolation. Amitié, confiance, intérêt, tout ce qui peut flatter mon cœur s'y trouve.

Il ne me reste plus que de la faiblesse à l'âge où je suis, et après une aussi violente maladie, les forces ne peuvent revenir que lentement. La belle saison s'approche. J'espère d'en ressentir les bons effets. Je souhaite surtout que vous les ressentiez aussi.

La mort de Madame (¹) m'a pénétré de douleur Je tremble présentement pour la santé de notre Maître. Je voudrais bien entendre dire qu'il a repris son train de vie ordinaire.

Je partage bien sincèrement l'inquiétude que vous a donnée votre amie (²).

J'ai vu avec grand plaisir les puissances se réunir pour proscrire la thèse de l'abbé de Prades(³). Il me semble qu'on ne devrait pas en demeurer là. Les souscripteurs de la thèse sont, à mon avis,

(J.-B. Desmarets, marquis de Maillebois, maréchal de France en 1741, grand d'Espagne. Son fils, le comte de Maillebois, avait épousé Mlle d'Argenson).

1. Madame Henriette, seconde fille du Roi, née le 14 août 1727, morte en février 1752.

2. La comtesse d'Estrades.

3. Jean-Martin, abbé de Prades (né en 1720), se retira en Hollande après la condamnation de sa thèse, puis fut accueilli en Prusse par Frédéric II. Mort à Glogau en 1782.

plus coupables que lui. Nous avons plusieurs
exemples en Sorbonne de professeurs dépossédés
de leur chaire, et éloignés de la maison par ordre
du Roi tout simplement. J'ai écrit en Sorbonne
pour être exactement informé des exemples et de
la forme qui a été observée. Mais je vous confie
que je ne consulterai ni M. l'Archevêque de
Paris (1), ni M. de Mirepoix (2). Ni l'un ni l'autre
n'ont rien à voir dans cette maison. Je vous ajouterai que le premier m'a tourné casaque, sans que
je puisse deviner pourquoi. Il est le seul homme
en France qui ne m'ait pas donné le moindre
signe de vie. Quant à M. de Mirepoix, je vous
avouerai que je n'en fais aucun cas pour tout ce
qui intéresse le gouvernement.

Pardonnez à ma faiblesse si je ne vous écris
pas de ma main.

Ma tendresse pour vous, mon cher frère, mon
attachement, mon dévouement sont inexpri-
mables.

Lyon, 3 avril 1752.

Vous m'avez, mon cher frère, jeté dans de
cruelles alarmes. On m'écrit de Versailles il y a
quelques jours que vous vous étiez trouvé mal en
travaillant avec M. votre neveu (3), sans m'en dire

1. Christophe de Beaumont, évêque de Bayonne (1741), archevêque de Vienne (1745), archevêque de Paris (1746).

2. Jean-François Boyer, né en 1675, évêque de Mirepoix en
1730, précepteur du Dauphin, chargé de la feuille des bénéfices,
membre de l'Académie française depuis 1736, mort en 1755.

3. Le marquis de Paulmy avait été reçu en survivance à la
charge de secrétaire d'Etat au département de la Guerre le 9 octobre 1751.

davantage. J'écrivis aussitôt à mon ami Dupin
pour savoir ce qui en était, et j'ai appris, non par
lui, mais par d'autres, que votre mal était un accès de goutte qui ne vous a pas empêché d'aller
quelques jours après chez le Roi. Cela m'a un peu
tranquillisé. Je souhaite que cet accès ne soit pas
de longue durée, car on ne peut espérer, et peut-
être ne doit-on pas souhaiter que vous en soyez
absolument quitte.

Vous aviez bien raison de dire que le feu dans le
Parlement n'était rien moins qu'éteint. Cette compagnie vient d'en donner des preuves bien vio-
lentes. Je ne vois point clair dans tout ce qui s'est
passé. Car d'une part l'arrêt du Parlement a, dit-
on, été cassé, et de l'autre le Parlement continue
de procéder comme si son arrêt était subsistant. Le
Roi peu à peu se trouvera forcé d'en venir à quelque acte éclatant d'autorité. Car les évêques ne
tolèreront jamais que l'administration des sacrements soit soumise à la juridiction du Parlement.

J'ai chargé Dupin de vous présenter un mémoire
dont le succès m'intéresse, parce qu'il s'agit d'un
homme de condition, et qui est, pour ainsi dire,
enfant de mon chapitre.

Je vous demande pardon si je ne vous écris pas
de ma main. Mes forces ont bien de la peine à
revenir. Il est vrai qu'il fait un temps extravagant
et la sciatique me tourmente beaucoup. J'ai eu ici
assez lontemps M. l'évêque de Mâcon qui se flatte
que vous procurerez un guidon à son neveu, dont
il prétend que vous avez eu les meilleurs témoignages.

Les lettres dont le Roi m'honore sont toujours pleines de douleur de la mort de Madame.

J'attends toujours votre réponse sur le professeur de Sorbonne ([1]).

Pardon, mon cher frère, si je ne vous écris pas de ma main. Vous connaissez ma tendresse et mon attachement.

Oullins, ce 7 octobre 1752.

Vos lettres, mon cher frère, sont toujours remplies d'amitié et me pénètrent de reconnaissance. Il m'est bien doux de penser que l'absence et l'éloignement ne peuvent rien sur le sentiment dont vous m'honorez. Pour les miens, il est tout simple que n'étant détournés par aucun objet et par aucune vue ils subsistent avec la même chaleur. Je me suis déboutonné avec M. le marquis de Paulmy et M. le maréchal de Belle-Isle ; ç'a été pour moi une grande consolation de pouvoir ouvrir mon cœur avec des personnes qui vous sont si attachées. Je gémis de voir l'autorité du Roi méprisée et avilie au point où elle l'est, et plus de remède que dans de grands coups d'éclat si contraires au caractère du Roi. Il a eu la bonté de m'apprendre lui-même l'arrivée de M. votre neveu. Cette marque de bonté de la part de S.M. tombe autant sur M. de Paulmy que sur moi.

Vous me faites le plus grand plaisir du monde de me dire que votre santé est dans le meilleur point. La mienne est fort bonne, à la sciatique près dont je suis toujours tourmenté.

1. L'abbé de Prades.

Je me suis acquitté de votre commission auprès de M. l'évêque de Langres; il ira à Paris vers la fin du mois. Il est traité bien indignement par son présidial. Je lui ai conseillé d'écrire en droiture au Roi, il le fait.

Je savais l'accident de M. le marquis de Voyer; je suis ravi qu'il en soit quitte à si bon marché.

Je vous suis tendrement attaché, mon cher frère, et inviolablement dévoué à la vie et à la mort.

Lyon, ce 4 janvier 1753.

Je reçois, mon cher frère, la lettre dont vous m'avez honoré le 31 décembre. J'y vois exprimés de la façon du monde la plus obligeante tous les sentiments que je me suis toujours flatté de trouver en vous. Les miens sont les mêmes. Je croirais vous faire tort que de vous soupçonner d'en douter. Qui est-ce qui est exempt de faute d'omission ? Quand elles ne partent pas du cœur, il faudrait être de mauvaise foi pour les relever. Je suis en bonnes mains, dans celles de monsieur votre neveu; je l'estime véritablement, et il n'ignore pas que je l'aime de tout mon cœur. A l'égard du maréchal (¹), vous connaissez nos liaisons intimes. Je ferais une vilaine figure au milieu de vous, je souffre horriblement de la sciatique. Il vous parlera d'un commandant pour la bataille, qui est un garçon d'esprit, d'une probité à toute épreuve. Quoique le duc de Villeroy lui fasse une condition misérable, il résiste aux

1. Le maréchal de Belle-Isle.

moyens très faciles qu'il a de faire la contrebande, et je vous répondrais de son attachement
pour vous et de sa reconnaissance. Je parle contre
moi, car je serais privé d'une bonne compagnie.

La crise où nous sommes est bien violente.
Comment finira-t-elle? Ce ne peut plus être que
par un coup d'éclat qui coûtera furieusement au
Roi, et où cependant il faudra bien qu'il en vienne.

Adieu, mon cher frère, aimons nous toujours. De
ma part, je ne laisserai jamais rien à désirer sur
la tendresse et la constance de mon attachement.
Souffrez que j'embrasse ici monsieur votre neveu.

Lyon, ce 27 juillet 1754.

J'aime la règle, mon cher frère, autant que
mon Cadet, mais il y a des cas où la dispense
est nécessaire, et Pusignieux est certainement dans
ce cas là. Il serait trop long de vous instruire, je
me flatte que vous vous en rapportez à moi.

Je suis bien aise d'apprendre par vous-même
que vous êtes content de votre santé, et surtout
que vous êtes résolu de persister dans votre régime. Le mien est différent, mais également salu-
taire. Je l'observe inviolablement, et je lui serai
fidèle ; je vous exhorte à en user de même. Donnez
cette satisfaction si désirée à tous vos amis, prin-
cipalement à un frère qui a toujours les yeux tour-
nés sur vous, et qui s'alarme de la moindre chose
sur votre compte.

Tout ce qui se passe où vous êtes est si extraordinaire, si inconséquent, que je ne sais que
penser ni qu'espérer. Une demi-heure avec vous
soulagerait bien mon esprit et mon cœur.

On ne peut, mon cher frère, vous être plus tendrement attaché, et plus totalement dévoué que je le suis.

Lyon, ce 27 août 1754.

Je vous rends mille grâces, mon cher frère, de la bonne nouvelle que vous m'avez donnée par la lettre dont vous m'avez honoré le 23 de ce mois, et je vous renouvelle toujours avec un nouveau plaisir les sentiments du tendre attachement que j'aurai toute ma vie pour mon cher frère.

Lyon, ce 17 septembre 1754.

Vous me rendez bien justice, mon cher frère, et je vous en remercie. Je suis aussi sensible que vous pouvez l'être à tout ce qui vous arrive, vos intérêts sont les miens. La grâce accordée au marquis de Voyer est une preuve bien authentique de la faveur du père. Je prends la liberté d'en faire aujourd'hui mes très humbles remerciements au Roi. L'on ne peut, mon cher frère, vous être plus tendrement attaché que je le suis.

Lyon, ce 4 ..... 1754.

Quand on aurait cent mille choses à se dire, mon très cher frère, et qu'on n'ose pas même écrire avec la confiance que l'amitié inspire, il est bien triste d'être éloigné. Il est vrai que j'ai une très grande satisfaction d'être ici, mais les fruits de tristesse et d'amertume ne se présentent pas avec moins de force à quelqu'un qui aime le

Roi tendrement et le bien de l'Etat. On craint les suites d'un coup d'éclat, peut-être n'auraient-elles pas lieu ; et sûrement elles auraient lieu en ne faisant rien. Je continue d'user de la liberté que l'on me permet d'avoir, c'est tout ce que je puis.

Je vous dois bien des remerciements sur la façon dont vous vous êtes expliqué avec le maréchal de Belle-Isle ([1]) par rapport à ma vue dont il vous a parlé.

Adieu, mon cher frère, on ne peut vous souhaiter plus de bonheur que je vous en souhaite, ni vous être plus tendrement attaché que je ne le suis.

Lyon, ce 1er janvier 1755.

Je ne puis mieux commencer l'année qu'en la commençant avec un frère que j'aime de tout cœur, et dont les sentiments pour moi font une bonne partie du bonheur de ma vie. Les jours s'écoulent sans que je puisse entrevoir la moindre espérance de l'embrasser. Triste réflexion ! Vous vous portez mieux que vous n'avez jamais fait, ne vous relâchez point sur votre régime qui vous réussit si bien.

On ne peut porter ses regards sur l'avenir sans envisager de grands orages en tout genre. Je vous serai toujours, mon cher frère, tendrement et inviolablement attaché.

1. Charles-Louis-Auguste Fouquet, duc de Belle-Isle, maréchal de France en 1741, ministre de la Guerre en 1758, mort en 1761.

Lyon, ce 28 avril 1755.

Non, mon cher frère, il ne me tombera jamais dans la pensée que vous oubliez un ami si ancien, si fidèle et si constant, parce que jamais je ne le mériterai. Recevez mes vives actions de grâces. j'aurai l'honneur de remercier demain le Roi.

Il me semble que la pacification s'éloigne, bien loin d'avancer (¹). Je ne sais pas comment tout cela finira, mais je tremble pour l'avenir. Aimez-moi toujours, mon cher frère, et soyez bien persuadé que personne ne vous sera jamais plus tendrement attaché et plus inviolablement dévoué que moi.

Lyon, ce 4 juillet 1755.

Vous m'exprimez votre bonne volonté, mon cher frère, d'une manière bien flatteuse et bien touchante. J'en suis pénétré. Je n'ai rien à espérer de M. de Mirepoix que des refus et des dégouts. Tantôt l'abbé de Pusignieux (²) est trop jeune, et en même temps il nomme des gens plus jeunes que lui ; tantôt il ne peut pas résister à une recommandation que le défaut d'expérience et de capacité devaient bien affaiblir aux yeux d'un homme qui ne cherche que le bien, et les dispositions favorables du Roi pour moi, les instances de mes amis

---

1. Entre les partis opposés du clergé et du Parlement. Les *Grandes Remontrances* avaient été publiées en mai 1753. On avait créé une *Chambre Royale*, qui fut supprimée le 30 août 1754. Le 4 septembre, le Parlement rentrait en grâce, et, en mars 1755, se prononçait de nouveau contre la bulle.

2. Neveu du cardinal de Tencin et son grand-vicaire.

m'ont aucune valeur. Il faut se le tenir pour dit,
et attendre un avenir moins orageux.

J'ai été comblé de voir M. le marquis de Paulmy,
et de pouvoir à mon aise parler de vous. Il m'a
confirmé votre bonne santé, meilleure qu'elle
n'était il y a vingt ans ; votre constance pour le
lait la rendra durable. Je ne puis lui pardonner
de se livrer si promptement après les eaux à un
travail et à des fatigues telles que celles qu'il
essuie. Je crains qu'il ne succombe. Je n'ai pu
m'empêcher de faire ses éloges au Roi, et de lui
dire combien il se fait estimer et aimer partout
où il passe, sans cependant jamais mollir sur les
règles et les maximes de son oncle (¹). Je ne verrai
pas M. le marquis de Voyer avec moins de plaisir,
mais je ne causerai pas avec lui avec la même
ouverture qu'avec le neveu. Il me semble que je
leur appartiens réellement par tout ce que je
sens pour eux et par mon tendre attachement
pour vous, mon cher frère.

Oullins, ce 29 mai 1755.

Je ne saurais vous exprimer, mon cher frère, à
quel point je suis sensible à vos bontés et à votre
attention. J'en suis encore plus touché que de la
grâce même. Ma reconnaissance, mon cher frère,

1. Antoine-René de Voyer d'Argenson, marquis de Paulmy, fils
du marquis d'Argenson, ministre des Affaires étrangères. Né le
22 décembre 1722, membre de l'Académie française le 6 avril 1748,
ambassadeur en Suisse le 24 mai suivant, ministre de la Guerre
en survivance du comte d'Argenson depuis octobre 1751, ministre
et secrétaire d'Etat de la Guerre de février 1757 à janvier 1758,
ambassadeur en Pologne, gouverneur de l'Arsenal et fondateur

mon tendre attachement et mon parfait dévouement vous sont connus depuis longtemps.

Lyon, ce 14 août 1755.

En vous rappelant, mon cher frère, ma façon de penser pour vous, vous n'aurez pas à vous figurer l'impression qu'a faite sur moi le dernier événement qui vous afflige (¹). Nous en avons beaucoup parlé avec le marquis de Voyer (²) qui est à présent chez moi. Je ne puis vous dire à quel point je l'ai trouvé changé en bien, poli, sensé, raisonnant sur tout à merveille, et, ce qui met le comble, pensant et parlant sur son père, comme il le doit et comme vous le méritez. Je ne puis vous exprimer le plaisir que cela m'a fait, non plus, cher frère, que le tendre attachement que je vous ai voué pour ma vie.

Oullins, 22 septembre 1755.

Je me dois à moi-même, mon cher frère, de vous féliciter sur les succès et sur la sage conduite de M. de Voyer. Il n'y a pas deux avis sur son compte.

de la *Bibliothèque de l'Arsenal*. Mort en 1787. Il ne laissa qu'une fille, Adélaïde-Geneviève d'Argenson, duchesse de Luxembourg.

1. La disgrâce de la comtesse d'Estrades, dame d'atours de Mesdames de France, éloignée de la Cour le 7 août 1755.

2. Marc-René, marquis de Voyer, fils du comte d'Argenson, né le 20 septembre 1722, lieutenant-général au gouvernement d'Alsace en 1745, inspecteur de la cavalerie en 1749, lieutenant-général des armées du Roi le 5 novembre 1758, grand-bailli de Touraine, gouverneur de Vincennes, commandant en Saintonge et Aunis. Il avait épousé, le 10 janvier 1747, Constance de Mailly, fille du maréchal de Mailly. Mort le 18 septembre 1782.

Sagesse, affabilité, discipline merveilleuse. Il n'y a pas eu dans les troupes qu'il avait sous ses ordres la moindre querelle, le moindre désordre ; point de jeu, point de libertinage, et nul mécontent. Avec tout cela un grand état, tel qu'il convient au nom qu'il porte et à la place qu'il occupait. Tout cela vous viendra d'ailleurs ; c'est la voix publique, et je le tiens aussi même de gens qui ne vous aiment pas. Je l'attends aujourd'hui à dîner, et je l'embrasserai de bien bon cœur. Il a certainement des talents distingués pour son métier, et il a fait des manœuvres dignes d'un grand général.

Je vous fais des compliments de condoléance sur la retraite de M. de Saint-Séverin. Ne serait-ce point vous qui lui avez fait conserver sa pension de quarante mille francs, qu'il a si bien méritée ? Le conseil perd en lui un grand ministre et un pacificateur ! Il doit m'être permis sur ce qui le regarde de parler ironiquement.

Je viens de lire un écrit intitulé *Lettre d'un conseiller de grand-chambre à un président des Enquêtes*. Elle m'a paru propre à faire ouvrir les yeux sur les entreprises du Parlement contre l'autorité du Roi et contre la Religion.

Je n'ai pas grande espérance pour l'évêché d'Alais. M. de Séchelles sollicite pour l'abbé de Botteville, et M. le Prince de Conti pour un autre. Je n'imaginais pas que je me serais trouvé en concurrence avec le premier.

Vous connaissez, mon cher frère, mon attachement et mon dévouement. Ils sont aussi tendres qu'inviolables, et dureront autant que ma vie.

Lyon, ce 2 ... 1756.

J'attendais que les embarras des fêtes et du jour de l'an fussent passés pour souhaiter une heureuse année à mon cher frère, lorsque j'ai reçu de lui une lettre charmante, et qui prouve bien que je n'ai jamais mieux fait que de m'attacher indissolublement à vous. Je m'en applaudis continuellement. J'ai toujours trouvé auprès de vous les secours et les conseils dont j'avais besoin, sans pouvoir jamais vous être utile en rien. Je n'avais d'autre mérite qu'une confiance sans bornes. Que n'aurions-nous pas à dire dans nos dîners particuliers sur les affaires ecclésiastiques et politiques toutes aussi mal menées les unes que les autres ! Je regarde le maréchal de Noailles comme l'âme de tous les mauvais conseils, ce n'est pas chez lui qu'il faut chercher de la fermeté. Je suis bien aise que vous entriez en relations plus intimes avec le maréchal de Belle-Isle. Je vois bien où doit aboutir son commandement. S'il réussit, il nous vengera de la perfidie des Anglais, et remetra en honneur la réputation du Roi qui est perdue dans l'Europe ainsi que son autorité dans le royaume. Rien ne lui manquera de votre côté, mais en sera-t-il de même de la part des autres ?

Je puis me vanter d'avoir amené le Pape au point où l'on pouvait le désirer. Il concertera tout avec le Roi, mais peut-on espérer que S. M. conduite par les suggestions du Prince de Conti embrassera et soutiendra les sentiments les plus sages et les plus modérés ?

L'on me flatte que nous aurons ici six semaines

le marquis de Voyer. J'espère qu'il n'oubliera
pas qu'il a un appartement chez moi. J'ai été,
ainsi que je vous l'ai mandé dans le temps, infiniment content de lui, de son esprit, de sa façon de
de penser, et de l'amitié qu'il m'a témoignée.

Adieu, mon cher frère, on ne peut vous être plus
tendrement, plus inviolablement, plus totalement
attaché que je le suis.

Lyon, 11 mars 1756.

Vous ne me devez point de remerciements, mon
cher frère. Je suis trop occupé de vous pour ne
l'être pas de M. votre fils et de tout ce qui peut
vous plaire. Je vous ai prié de me marquer si le
Roi vous aura parlé de ma lettre. Cela vous gui-
dera sur la tournure que je donnerai à une seconde
lettre, que je veux lui écrire.

Quand je vous ai proposé de faire aller M. le
marquis de Voyer en Provence, c'était dans la sup-
position que l'opération, que l'on annonçait comme
très prochaine, serait consommée assez tôt pour
revenir sous les ordres de M. le maréchal de Belle-
Isle. La seule ambition que je connaisse à M. votre
fils est de faire le mieux qu'il est possible la besogne
dont il est chargé, et s'il n'est pas accueilli par le
maître, au moins qu'il n'en soit pas regardé de
mauvais œil.

J'ai été consterné de la maladie de M. de Séchelles. Vous me confirmez, ainsi que le maréchal
de Belle-Isle, qu'il est beaucoup mieux, et qu'il
sera en état de bientôt reparaître.

Quand on est attaché au Roi et qu'on est ci-

toyen, on ne peut qu'être affligé de tout ce qui
se passe.

Je ne puis trop vous répéter, mon cher frère,
les assurances de mon tendre attachement et de
mon dévouement sans réserve.

Lyon, 14 juillet 1756.

Je profite, mon cher frère, du retour d'un de
vos courriers pour vous, féliciter encore une fois
de la conquête entière de Minorque. M. de Richelieu m'a mandé qu'il repasserait bientôt par ici. Il
m'avait dit en allant qu'il était fort bien avec
vous, et qu'il ne tiendrait pas à lui que vous n'en
fussiez toujours content. J'ignore s'il a tenu parole. J'ai été fort content de son fils et de son
gendre.

Vous croyez bien que je suis impatient de savoir
ce que fera le maréchal de Belle-Isle sur les côtes
de l'Océan. Je suis fâché qu'il soit absent quand
le Roi prendra sa dernière résolution sur les Parlements et sur nos affaires ecclésiastiques. On doit
être content du Pape qui s'est conformé à tout ce
que le Roi a désiré.

Il est grand bruit que l'abbé de Bernis ([1]) doit
entrer dans le Conseil. Je lui dois la justice qu'il
m'a paru vous être fort attaché, malgré sa grande
liaison avec une personne que l'on me dit ne vous
l'être guère ([2]).

1. Né en 1715, ambassadeur à Venise en 1752, ministre des
Affaires étrangères (1757), cardinal, ambassadeur à Rome (1769).
Mort en 1794.

2. Mme de Pompadour.

Je vous dois la confidence que lorsque le Roi
fait tant que de m'écrire, c'est toujours avec bonté
et confiance.

Je souffre bien, mon cher frère, de n'être plus
à portée de vous voir et de causer avec vous. Mon
tendre attachement est et sera toujours le même
jusqu'à mon dernier soupir.

Lyon, ce 7 décembre 1756.

Le Roi me fait la grâce d'assurer une portion de
ma pension pour la distribuer à mes neveux selon
ma volonté. La fraternité doit y prendre part. Je
vous prie de témoigner à S. M. ma reconnaissance.

Nous sommes dans un moment de crise dont
j'attends le dénouement avec grande impatience.
Dieu veuille donner au Roi la fermeté nécessaire
pour mettre à exécution ses bonnes intentions. Je
crois qu'il n'y a pas grande correspondance entre
les maréchaux de Belle-Isle et de Richelieu. Je ne
saurais penser que le premier ait des torts.

Je suis dans la douloureuse crainte de perdre le
Pape (1). Un ami tel que lui ne se retrouve plus à
mon âge. Je vous aurai toujours, et c'est une
grande consolation pour moi. Je suis victime
de ma discrétion en ne vous écrivant pas aussi
souvent que je le voudrais. Je compte sur votre
amitié. J'en ai pour garant, mon cher frère, mon
tendre et fidèle attachement.

1. Benoît XIV (Prosper Lambertini), né à Bologne en 1675,
cardinal en 1728, élu Pape le 17 août 1740, mort en 1758.

LETTRES DU COMTE DE MAUREPAS

Le comte de Maurepas au comte d'Argenson.

A Versailles, le 31 décembre 1740.

J'ai l'honneur de vous informer, Monsieur, que le Roi vous a nommé Président de l'Académie des Sciences (¹) pendant l'année prochaine 1741, et a choisi M. le comte de Saint-Florentin (²) pour vice-Président et les Srs Nicole (³) et de Maupertuis (⁴) pour directeur et sous-directeur.

Vous connaissez les sentiments avec lesquels je suis, Monsieur, votre très humble et très obéissant serviteur.

MAUREPAS. (⁵)

1. Le comte d'Argenson faisait partie de l'Académie des Sciences depuis le 31 août 1726.

2. Louis Phélipeaux, comte de Saint-Florentin, secrétaire d'Etat, né le 18 août 1705.

3. François Nicole, géomètre, né en 1683, mort en 1758.

4. Né en 1698, membre de l'Académie des Sciences depuis 1723, membre de l'Académie française en 1743, président de l'Académie de Berlin en 1745, mort en 1759.

5. Jean-Frédéric Phélipeaux, comte de Maurepas, né en 1701, ministre de la Maison du Roi et de la Marine, disgrâcié en 1749, rappelé au pouvoir en 1774, mort en 1781.

Je connais, Monsieur, les talents et le mérite de
M. de Montigny (1), il m'a expliqué ses droits sur
la place qu'il désire, et la protection que vous lui
accordez me déterminerait sur le champ, si les
tracasseries académiques dont vous n'avez peut-
être pas encore perdu totalement l'idée ne s'étaient
ranimées à cette occasion avec une vivacité
extrême. M... d'un côté et tous les amis de
Maupertuis, Mairan (2) de l'autre avec la vieille
académie qui veut le faire rentrer, enfin Montigny qui n'ayant point de cabale pourrait ne pas
réussir à l'élection, tout cela me fait prendre le
parti pour leur donner le temps de se calmer
de remettre après les vacances. Ainsi il faudra
bien que vous en entendiez parler, et je vous
consulterai, quoique vous paraissiez prendre parti.
J'espère, suivant ce que vous me faites l'honneur de me mander, que ce sera bientôt. J'en serai
très aise et de vous renouveler, Monsieur, les assurances de l'attachement fidèle avec lequel je suis
votre très humble et très obéissant serviteur.

MAUREPAS.

18 août.

Paris, 9 octobre au matin.

Vous trouverez, Monsieur, dans ce paquet celui
pour M. de B. à cachet volant dans lequel sont

1. Etienne Mignot de Montigny, né en 1714, trésorier de France,
membre adjoint de l'Académie des Sciences dans la classe de mécanique (1740), mort en 1782.

2. J.-J. Dortous de Mairan, né en 1678, admis à l'Académie des
Sciences comme associé géomètre (1718), secrétaire perpétuel
(1740), membre de l'Académie française (1743), mort en 1771.

contenus les ordres du Roi tant pour Mme de Modène (¹) que pour lui faire donner des chevaux de
poste et pour lui faire donner secours s'il en est
besoin. Le duplicata du même ordre est aussi
expédié, et je le ferai partir demain sur les trois
heures après midi, en l'envoyant par la route de
Bourgogne comme on en est convenu, quoique je
crois la précaution assez inutile. Je vous renvoie
aussi la copie de la lettre de S.E. (²) que vous
avez désirée. Il y avait longtemps que je ne vous
avais écrit de si bon matin, mais toutes les heures
me sont égales quand il s'agit, Monsieur de vous
assurer de mon attachement.

MAUREPAS.

Je ne partirai qu'après midi pour Grosbois et
j'enverrai aussi à Issy copie de l'ordre donné à
M. de B.

A Paris, samedi.

M. le Cardinal (³) m'écrit, Monsieur, au sujet
des funérailles de Mademoiselle (⁴) et me charge
de voir ce qu'il y aura à faire pour lui en rendre
compte. N'y ayant ici aucun officier des cérémonies, j'ai fait chercher dans mes registres, mais

1. Charlotte-Aglaé d'Orléans, fille du Régent, née en 1700
mariée en 1720 à François-Marie d'Este, duc de Modène.

2. Le cardinal de Fleury.

3. Le cardinal de Fleury.

4. Mlle de Clermont (Marie-Anne de Bourbon), née en 1697,
morte le 11 août 1741. La qualification de Mademoiselle ne devait
être attribuée qu'à Louise-Anne de Bourbon (Mlle de Charolais),
née en 1695.

il me semble qu'on ne fait aucune cérémonie
pour les princes et princesses qui meurent de la
petite vérole. Je vous supplie de me mander
comment vous comptez que l'on en usera, afin
que je reçoive les ordres du Roi sur ce que les
officiers des cérémonies auraient à faire et qu'on
les fasse remplacer. Je suis plus parfaitement
que je ne puis vous le dire, Monsieur, votre
très humble et très obéissant serviteur.

MAUREPAS.

A Paris, 11 août 1744.

Je vous rends mille grâces, Monsieur, de l'attention avec laquelle vous avez bien voulu me
mander des nouvelles du Roi (¹) quoique ces
commencements et les remèdes qu'on y a ap-
portés doivent faire espérer que cela n'aurapoint
de suites. Vous pouvez aisément juger de l'inquiétude où je serai jusqu'à ce que j'en sois tout à fait
certain. En même temps que votre lettre, j'en
reçus une de la M. du R. par laquelle elle me mandait l'arrivée de M. Schmettau (²). Voilà donc
cet événement attendu depuis si longtemps arrivé, et j'espère fort à propos pour vous mettre
en état de suivre vos opérations, sur lesquelles
vous croyez bien qu'on est fort attentif ici.
Personne n'est avec un attachement plus sincère que je suis, Monsieur, votre très et trés
humble obéissant serviteur.

MAUREPAS.

1. Maladie du Roi à Metz (août 1744). Le comte d'Argenson
était auprès du Roi.

2. Le comte de Schmettau, envoyé de Frédéric II,

13 mai [1745].

Le page du Roi que vous aviez chargé de votre
lettre, Monsieur, au lieu de la laisser à la poste
comme vous le lui aviez dit, la donna à un pale-
frenier du Roi qui l'a portée je ne sais où, et elle
ne m'est parvenue que cette nuit fort tard. Je n'en
suis pas moins sensible à votre attention, et je
vous supplie d'en recevoir mes remerciements.
Voilà le plus grand et le plus heureux de tous les
événements (¹), je m'en réjouis avec vous de tout
mon cœur. Nous attendons le détail et les suites
avec impatience. Ne doutez jamais, Monsieur, de
la sincérité de l'attachement que je vous ai voué
depuis longtemps.

MAUREPAS.

12 octobre 1745 (²).

La défense de la côte et les mouvements nécessaires pour repousser les Anglais étant, Monsieur,
entièrement du département de la Guerre, dont
les Commandants donnent l'ordre aux troupes
garde-côtes et aux officiers de marine qui ne sont
chargés que de faire servir les batteries, je n'ai
pas eu d'autre usage à faire de votre lettre que
d'en parler à M. d'Argenson, que j'en ai trouvé
prévenu. Vous connaissez assez sa façon de penser
pour être persuadé qu'il fera de son mieux pour

1. La bataille de Fontenoy.
2. Cette lettre était jointe à un mémoire transmis par M. de
Maurepas au comte d'Argenson. Elle semble être adressée au maréchal de Saxe.

votre satisfaction. Si l'occasion s'en présente, je ferai avec grand plaisir valoir auprès de Sa Majesté le zèle dont vous donnez des marques. J'ai l'honneur d'être très parfaitement, Monsieur, votre très humble et très obéissant serviteur.

MAUREPAS.

Le comte de Maurepas au comte d'Argenson.

A Versailles, le 23 janvier 1747.

Il n'y a actuellement, Monsieur, aucune frégate du Roi qui puisse être envoyée assez à temps du côté de Dunkerque pour remplir les vues de l'armement des deux frégates que demande M. le maréchal de Saxe. Quant aux frégates corsaires, le *Comte de Lowendal,* qui est celle qui y serait le plus propre, se trouve en croisière à la côte de Bretagne, et vraisemblablement ne passera pas la Manche pour venir à Dunkerque, defaçon que les seuls corsaires, quoique plus faibles qui peuvent être employés sont le *Comte de Maurepas* de 14 canons du calibre de 6 qui est à Ostende, et la *Sainte-Geneviève* qui est à Dunkerque. Il sera très difficile de former l'équipage de ces deux corsaires; cependant M. Charron commissaire ordonnateur va partir d'ici pour retourner sur les lieux, et pourra plus que tout autre parvenir à compléter les équipages dont il s'agit. A l'égard de quelques soldats de la Marine, on pourra les prendre dans la Compagnie de Saint-Lazare qui est en quartier à Calais. Elle est réduite à 55 hommes par les

détachements déjà faits, de manière qu'en prenant
de ces soldats de marine pour les deux corsaires,
il sera nécessaire que vous donniez ordre de faire
faire le service du corps de garde de la marine à
Calais par quelques soldats de la garnison.

Il y a encore une autre observation à vous faire
sur l'armement proposé qui consiste dans le paiement à faire d'avance de la dépense de ces deux
corsaires. Il ne sera pas possible autrement de les
avoir, parce qu'il est dû beaucoup des précédents
affrétements, et que les négociants refusent absolument de se prêter à aucuns nouveaux arme-
ments, faute du paiement des anciennes dettes.
Chacun des deux corsaires pourra coûter 30^m par
mois et comme on les demande pour 2 mois
c'est une somme de 120^m à leur avancer.

J'ai l'honneur d'être avec un très parfait attachement, Monsieur, votre très humble et très
obéissant serviteur.

MAUREPAS.

[De la main du maréchal de Saxe :]

Il y a une frégate anglaise de 14 canons qui a
été conduite au Havre ces jours-ci, qui conviendra
peut-être et que le Roi peut faire acheter.

A Paris, ce 21 juillet 1747.

J'ai reçu, Monsieur, la lettre que vous m'avez
fait l'honneur de m'écrire, et j'ai remis à Mme la
Comtesse de Bavière (¹) celle que vous m'avez

1. Emmanuel-François-Joseph, comte de Bavière, tué à la bataille de Lawfeld (2 juillet 1747), avait épousé la comtesse de
Hochenfels, fille naturelle de l'empereur Charles VII.

adressée pour elle. Vous recevrez incessamment ses remerciements, et je vous prie de recevoir les miens. Je ne lui ai pas laissé ignorer combien la faveur était grande, et qu'il n'était pas d'usage qu'une pension aussi considérable fût conservée dans son entier. Quelque grande que soit cette grâce, cependant je connais déjà assez sa situation pour savoir qu'elle aura besoin d'autres secours, mais comme ils regarderont M. de Pusieux ([1]) et M. le Contrôleur général ([2]) il s'agit seulement que vous lui conserviez dans le temps vos bons offices, et je me joindrai avec empressement à vous pour toutes les démarches qu'on pourra faire alors. Elle n'est point grosse, ainsi vous n'êtes nullement gêné pour le régiment ; cependant les raisons que vous avez pour suspendre d'y nommer me paraissent très bonnes.

Je suis un peu inquiet sur Berg-Op-Zoom ([3]). Le siège ne m'en paraît pas une besogne bien aisée. Le retour du Roi qu'on avait annoncé comme prochain est devenu ici très incertain. Je souhaiterais qu'il pût revenir, et je serais fort aise que nous soyions tous rassemblés, et si cela doit arriver bientôt je désirerais fort en être prévenu d'avance. J'espère que vous voudrez bien me rendre ce service si vous le pouvez. Vous connaissez, Monsieur, l'inviolable et sincère attachement que je vous ai voué pour toujours.

MAUREPAS.

1. Le marquis de Puisieux (1702-1771), ministre des Affaires étrangères en 1747, successeur du marquis d'Argenson.

2. Machault d'Arnouville, ensuite garde des Sceaux, disgrâcié en 1757, mort en 1793.

3. Prise de Berg-op-Zoom par Lowendal (16 septembre 1747).

LETTRES DU PRÉSIDENT HÉNAULT

Le président Hénault au comte d'Argenson.

Votre affaire (¹) fait un si furieux bruit depuis hier qu'il est important que vous soyez instruit de ce qui se passe. Mme du Châtelet (²) est à la tête du parti de M. votre frère, et voici comme le fait se raconte. Vous êtes d'accord avec M. votre frère pour lui laisser une place dont vous vouliez vous défaire depuis longtemps; il vous a servi dans cette vue, et a agi auprès de M. le duc d'Orléans pour vous faire renvoyer. M. le duc d'Orléans s'est laissé surprendre, et vous a remercié : comme il n'était pas dans le secret, il a cru vous apprendre une chose nouvelle en vous disant qu'il donnait votre place à M. votre frère, et vous avez ainsi

1. Le comte d'Argenson ayant été nommé à l'intendance de Paris (août 1740), avait été remplacé par son frère comme chancelier du duc d'Orléans.

2. Gabrielle-Émilie de Breteuil, née en 1706, morte à Lunéville le 10 septembre 1749.

trouvé le moyen de placer M. votre frère, et de
sortir sans vous commetre d'une maison qui
était un obstacle à votre ambition. En un mot
vous vous êtes fait renvoyer par M. le duc d'Orléans, comme M. de Richelieu par les maîtresses
dont il était las et avec lesquelles il voulait avoir
l'air des bons procédés. La preuve de toute cette
intrigue se tire d'un fait bien clair, c'est que M.
votre frère dîna encore avant-hier chez vous, et
que si vous aviez une si juste raison de vous en
plaindre, vous ne seriez pas capable de le revoir.
D'où il résulte que M. le duc d'Orléans est joué, et
vous avez voulu le quitter parce que vous avez
des vues plus élevées.

Vous jugez bien que l'on a répondu à tout cela,
mais comme le dîner de M. votre frère chez vous
est un fait marqué, et que M. votre frère a dit à
Mme du Châtelet que vous étiez d'accord, il faut
que vos amis puissent répondre, et il me semble
que la meilleure réponse serait de dire que jusqu'au moment où cette chose a été secrète vous
n'aviez rien voulu changer à votre conduite avec
M. votre frère, mais que du moment que cela a
éclaté, vous déclarez qu'il vous a manqué et
que vous ne le recevrez plus qu'autant qu'il
sera nécessaire pour lui remettre les affaires de
M. le duc d'Orléans Voyez avec vous-même ce
que vous croyez devoir faire, mais comme vous
avez dit que M. le duc d'Orléans vous avait renvoyé, vous ne pouvez plus ménager M. votre
frère qu'à votre préjudice et en donnant un
juste prétexte à vos ennemis de répandre que
toute cette affaire est un jeu joué de votre part

pour rompre tous les obstacles qui peuvent s'opposer à vos vues.

Bonjour.

[Août 1740].

Ce mercredi.

Les partis violents ne sont pas assez de mon goût pour ne me pas rendre aisément quand on y répugne : ainsi, à la bonne heure que vous ne vouliez pas vous brouiller. Il paraît bien établi à présent que vous êtes renvoyé ; c'est ainsi, dit-on à l'oreille, que vous ne saviez rien de M. votre frère et quand on paraît étonné de ce mystère on en vient tout naturellement à conclure que c'est un parti pris par vous, ce qui fait à peu près le même effet sans vous commetre.

On dit aussi que M. d'Orléans a été piqué de n'avoir pas l'Intendance (¹). D'autres ajoutent qu'il la demandait pour M. votre frère, mais ce dernier fait a été facile à détruire. Mme du Chatelet dit que vous auriez dû vous prêter à ce que M. d'Orléans vous avait proposé de dire que vous vous retiriez. Mais elle n'est pas de ceux qui imaginent le complot de vous être fait renvoyer. Ainsi ce qu'elle dit est plutôt à la décharge de M. votre frère que contre vous, mais par la conséquence que l'on en tire, cela revient au même. La maréchale de Villars (²) se pique beaucoup d'être cause de ce

1. De Paris.

2. Jeanne-Angélique Rocque, mariée en 1702 à Louis-Hector, maréchal duc de Villars, nommée dame du palais de la Reine en juillet 1725. Elle s'était démise de cette place en décembre 1727.

qui vous arrive, et elle m'a chargé de vous le dire. Tout ce qui arrive de Versailles depuis hier tient le même langage que vous êtes renvoyé. Mais le bruit général est que M. d'Orléans a été fâché d'avoir ignoré l'Intendance, d'autant plus qu'il la demandait pour M. votre frère. Tout le monde me paraît bien désolé pour vous, les uns vous plaignent de l'ingratitude, les autres de la perte du revenu, mais tous s'accordent à dire que cela sera utile. Voilà l'état des choses. Bonjour, à Lundi.

[Août 1740].

A Morville, ce 27 août.

Vous avez su que je vis P. (¹) en vous quittant: Je la trouve comme vous me l'avez dit, mais je suis sûr que vous l'avez trouvée comme je vous l'avais promis. J'ai intérêt à vous faire valoir les personnes qui vous aiment pour vous-même, et assurément elle et moi sommes bien dans ce cas là. Nous avons éprouvé les mêmes traverses, nos fortunes étaient les mêmes, vous nous avez fait souffrir l'un et l'autre, et c'est un lien de plus qui m'attache à elle. J'espère que l'avenir me sera plus favorable : vous pouvez si vous le voulez vivre avec moi : je vous offre deux asiles, ou vous serez reçu avec le même empressement, parce que j'y suis aimé également. Dans l'un vous n'y aurez que moi ; dans l'autre vous trouverez des hommes et des femmes aimables, et vous y serez aussi à

1. Il est probable que P. désigne dans ces lettres *Papette* (la duchesse de Villars).

votre aise qu'avec des gens qui ennuient. Ne vous
refusez pas à ma tendresse et au désir que j'ai de
passer ma vie avec vous : et ne m'exceptez pas de
la règle que votre cœur s'est faite d'aimer ceux
dont vous êtes sûr d'être aimé (¹).

A Paris, ce 9 juin.

Autre lettre, mais celle-ci on me prie bien de
la cacher : comme la première que je vous avais
envoyée, sans me surprendre, m'avait gelé le sang
par la bassesse, et la fausse confidence dont on me
chargeait, celle-ci, sans m'étonner davantage, me
fait voir l'instabilité ou plutot le néant de l'âme
de l'écrivain (²). Je ne vous ai pas raconté qu'il y a
eu entre lui et M. de Villars (³) une scène des plus
impertinentes, où le premier monta sur ses grands
chevaux, sur une proposition avantageuse dont
M. de Villars s'était chargé auprès de lui : La
réponse était pleine de sentiments romains comme
du temps de Numa Pompilius, mais surtout de
préceptes sur la probité et sur l'honneur, dont il
était bien aise en passant de faire la leçon à notre
ami. Ma foi, celui-ci s'est échauffé la bile et lui a
écrit une lettre excellente.

Je ne puis assez vous dire toutes les marques

1. Le président Hénault se montra toujours attaché au comte
d'Argenson. Né en 1685, Charles-Jean-François Hénault, fils d'un
fermier général, président de la Chambre des enquêtes, membre
de l'Académie française, publia en 1744 son *Abrégé chronologique
de l'Histoire de France*, et laissa des *Mémoires*. Il mourut en 1770.

2. Il est probable qu'il s'agit de Voltaire.

3. Honoré-Armand, duc de Villars, né en 1702, membre de
l'Académie française en 1734.

12

de l'amitié la plus tendre que je reçois de M. de Villars ; il ne quitte pas le chevet de mon lit. Je sais que je vous dois tout cela, mais je n'y suis que plus sensible. Il m'a amené Sidobre (¹) qui a consulté avec mes médecins. Ils s'occupent de me mettre en état d'aller à Plombières.

J'ai renvoyé à M. de Richelieu ses remarques sur la pièce de Voltaire (²). Cela est assez embarrassant, car d'un côté je ne veux point m'attirer V. et de l'autre je dois répondre à la confiance de M. de R. qui s'intéresse et qui a raison de s'intéresser à cet événement, parce que par le choix qu'il a fait du poète et du musicien, il a soulevé tous les autres artistes contre lui. Il m'a mis cependant à mon aise par une seconde lettre, en me priant, comme je lui avais indiqué, d'en conférer avec M. d'Argental (³) qui se chargerait de la réponse. En général, l'ouvrage est commun, médiocre, point agréable, et dans toutes les routes ordinaires. Tout ceci entre nous. Bonjour. N'oubliez pas de brûler malettre ainsi que toutes les autres, et surtout celle qui y est jointe.

Je ne reviens point de vous voir devenu guerrier Je croyais bien que l'esprit était bon à tout, mais je ne savais pas qu'il fût encore bon à cela. Ce qu'il y a de sûr, c'est que ceux qui vous aiment sont contents de tout ce qui se passe.

M. de Maurepas a été chercher un triste spectacle. On se plaint que M. le maréchal de N. (Noailles)

1. Médecin consultant du Roi.
2. Voltaire et l'opéra de la *Princesse de Navarre*.
3. Charles-Augustin de Ferriol, comte d'Argental, conseiller au Parlement de Paris, né en 1700, mort en 1788.

tire toute la couverture à lui, et que le M. de C. (Coigny) est mal content.

J'oubliais de vous dire qu'il n'est pas difficile d'apercevoir par les deux lettres du C. deN. (comte de Noailles) que par la première il comptait vous préparer à lui être favorable pour sa promotion de maréchal de camp, mais que ne l'étant point, il a quitté son masque.

Pour le d. d'A. (duc d'Ayen) a t-il toujours la même coiffure dont vous me parliez la dernière fois ? On ne pourrait pas lui dire, comme le perruquier de Courten, qu'il a un visage ingrat pour la perruque, car tout est de même parure.

Le contrôleur général m'a fait demander mon livre et je vais lui envoyer.

Je n'ai point entendu parler de Mme de Picq (¹). Elle ignore sans doute mon état : cependant c'était sur elle que je comptais pour avoir de vos nouvelles On m'a dit qu'elle avait reçu une belle visite la veille de son départ.

A Plombières, ce jeudi 9 juillet [1744].

J'arrivai ici hier au soir, assez fatigué. J'avais couché mardi à Langres, où M. de Langres m'accabla d'amitiés. Je vous retrouve partout. J'ai aussi passé par Cirey. C'est une chose rare. Ils sont là tous deux tout seuls (²), comblés de plaisirs ; l'un fait des vers de son côté, et l'autre des

1. Probablement la duchesse de Picquigny (Anne-Josèphe Bonnier, mariée en 1734 à Michel-Ferdinand d'Albert d'Ailly, duc de Picquigny, lieutenant-général en 1748).

2. Voltaire et Mme du Châtelet, retirés à Cirey.

triangles. La maison est d'une architecture romanesque, et d'une magnificence qui surprend. Voltaire a un appartement terminé par une galerie, qui ressemble à ce tableau que vous avez vu de l'Ecole d'Athènes, où sont rassemblés des instruments de tous les genres, mathématiques, Physiques, chimiques, astronomiques, mécaniques, etc., et tout cela est accompagné d'ancien laque, de glaces, de tableaux, de porcelaines de Saxe. Enfin je vous dis que l'on croit rêver. Il m'a lu sa pièce (¹), j'en ai été très content, il n'a pas omis aucun de mes conseils ni aucune de mes corrections, et il est parvenu à être comique et touchant. Mais que dites-vous de Rameau qui est devenu bel esprit et critique, et qui s'est mis à corriger les vers de Voltaire ? J'en ai écrit à M. de Richelieu deux fois. Ce fou là a pour conseil toute la racaille des poètes. Il leur montrera l'ouvrage, l'ouvrage sera mis en pièces, déchiré, critiqué etc...et finira par nous donner de mauvaise musique, d'autant plus qu'il ne travaille pas là dans son genre. Il n'y avait que les *petits violons* (²) qui convinssent et M. de Richelieu (³) ne veut pas en entendre parler.

M. de la Serre, autrement le comte d'Aubeterre, mon neveu, m'a écrit dix lettres depuis la promotion de M. de Vallemont lui tourne la tête, et effectivement un brevet convenait assez à un homme qui n'a rien surtout avec la vue

1. L'opéra de la *Princesse de Navarre.*
2. Les sieurs Rebel et Francœur.
3. Louis-François-Armand, duc de Richelieu, né en 1696, Maréchal de France le 11 octobre 1748, mort en 1788.

que j'ai sur la brigade sur laquelle à la vérité, je
ne compte guère.

Je me purgerai demain, et je commencerai mes
eaux après demain. Je suis d'une faiblesse extrême ; j'ai les jambes fort enflées, et depuis deux
mois je vis de potages.

Je compte que vous voudrez bien continuer à
m'envoyer les bulletins. Les nouvelles ne sont
pas fraîches, mais vous comprenez le plaisir
qu'elles font quand on est au bout du monde.
Je vous donne le bonjour.

Paris, ce 12 juin.

Je viens de lire une brochure qui m'a fait plaisir.
Elle a pour titre *Histoire du Stathoudérat depuis
son origine jusqu'à présent.* Il y a trop d'affectation dans le style, mais les réflexions sont bonnes,
et le tableau est net depuis Guillaume le Taciturne
jusqu'à Guillaume d'aujourd'hui. Je vous conseille de le lire, si vous ne l'avez pas lu. C'est une
lecture d'une demi heure, et cela est instructif ;
je trouve seulement qu'il ne rend pas assez de
justice à Frédéric-Henri.

Mme de Luynes m'a ramené à Sceaux (¹) où
nous avons fait visite. et de là je suis revenu à
Paris. On voulait me retenir à la cour 24 heures
de plus, mais c'est là le cas de revenir sur le champ.
Nous avions suivi la Reine à Trianon le vendredi
M. de Luynes et moi. M. le Dauphin y était, qui
me fit l'honneur de me parler pour la première
fois. Je songeai que je ferais peut-être bien d'y

1. Chez la duchesse du Maine.

aller le lendemain à son dîner, et je n'en ai rien
fait. Je suis moitié empressé et moitié philosophe
ou plutôt paresseux, et tout cela est bien parce que
cela est. M. de Villars est mieux; cependant il
a pris un petit rhume, mais Sidobre n'en est pas
inquiet. L'affaire des gardes du corps est incroyable, on dit que le Roi la trouve telle qu'elle
est, mais il est capital de la punir. Je vous embrasse tout mon cœur.

Je suis inquiet de mon neveu, dont je n'ai point
de nouvelles.

A Plombières, ce 22.

Mme d'Argenson reçoit dans le moment la
nouvelle de la reddition de la citadelle (¹). Je
vous en fais et à M. votre fils mon très sincère compliment : il semble que l'on s'attache à égayer nos
eaux, car en huit jours voilà deux événements bien
importants ; c'est de quoi vivre au moins deux
jours, voyez ce que vous avez à nous donner après.

Je vous embrasse de tout mon cœur. Le Roi
est bien grand dans le moment.

[Juin 1745].

A Strasbourg, ce 21 juillet [1745].

On a fort bien fait votre commission, et l'on
m'a marché sur le pied à me l'écraser; apparemment que cela va pour une réponse à toutes
mes lettres, ainsi nous voilà au courant.

Nous vous enverrons une relation de notre
voyage; en attendant, je vous dirai que je crois

2. Le drapeau blanc avait été arboré le 19 juin à la citadelle de
Tournay. Le 24 eut lieu le défilé de la garnison devant le Roi.

rêver depuis quinze jours. La vallée de Tempé
était la vallée...... en comparaison d'Illkirch. Le
préteur (¹) n'y va pas de main morte, il nous a
accablés de fêtes, c'est un homme qui voit et qui
fait tout en grand, par la règle *de minimis non
curat praetor.* C'est ce qui fait aussi que la fourmi
n'est pas prêteuse à cause de sa taille.

Pour M. le Cardinal de Rohan, on ne saurait rien
ajouter à la magnificence, ni à la galanterie ! Nous
avons eu ici deux duchesses, mais surtout une
comtesse d'Harcourt plus aigre que du citron,
qui a vu avec surprise toutes les préférences
journalières et répétées que nous avons eues.
C'était notre heure qui réglait tout (²). Le cardinal
a toujours soupé contre son usage, et c'était toujours à coté de Mᵐᵉ d'Argenson : il n'a vu qu'elle,
n'a parlé qu'à elle, ne s'est occupé que d'elle, au
point de rendre le préteur jaloux qu'un autre fît
aussi bien que lui. Mᵐᵉ de Tillières, qui était des
nôtres, se croit en vacances ou en vendanges, elle se
divertit comme une reine. Je ne vous parle pas du
militaire, c'est étonnant tout ce qu'ils font, M. de
Balincourt (³) est l'écuyer de Mᵐᵉ d'Argenson.
Enfin, si nous voulions, nous ferions couper des
têtes, tant nous sommes puissants, mais notre
empire est doux, et au moyen de ce que l'on dine à
l'heure que nous voulons, que l'on nous donne

1. Klinglin, préteur royal de Strasbourg. Il fut accusé, en 1752,
de malversations dans l'administration des finances de cette ville.

2. Le président Hénault accompagnait la comtesse d'Argenson
dans un voyage en Alsace.

3. Claude-Guillaume Testu, marquis de Balincourt, né en 1680,
lieutenant-général en 1734, gouverneur de Strasbourg en mai 1745,
maréchal de France en 1746.

les comédies qui nous plaisent, que l'on joue au concert les opéras que nous aimons, et qu'on ne ne tire le canon que quand nous avons passé les ponts, nous ne voulons d'ailleurs que les cœurs. Mme d'Argenson est à merveille. Il est impossible de mieux faire. Pour moi, je suis toujours enrhumé, mais cela n'empêche pas que les dames ne me trouvent un homme charmant : au point que dernièrement à souper, dans la chaleur de la débauche, il y en eut une qui me dit qu'elle savait que j'écrivais comme Mme Dunoyer ([1]). Voyez quelle exagération.

Pendant ce temps-là, vous faites la conquête de toute la Flandre. Je voudrais bien que l'on comparât sans prévention la campagne de 72 à celle-ci. Nous avons affaire à des généraux habiles, à des soldats courageux. Ils sont quatre contre un, et malgré cela ils n'osent plus nous attendre. Adieu, je vous donne le bonjour. Nous partons pour Saverne ([2]) après demain, c'est-à-dire que nous sortons d'un abîme de délices pour rentrer dans un autre. En voilà pourtant bientôt assez, car cela ressemblerait à la fin à l'Ecole des Amants.

A Saverne, ce 25.

Quoique vous soyez sans doute bien informé de ce qui se passe à l'Armée du Rhin, vous pouvez ignorer les dispositions de cette province. La

---

1. Mme Dunoyer, née en 1663, morte en 1720, auteur des *Lettres historiques et galantes,* etc. Voltaire la connut en Hollande.

2. Château des évêques de Strasbourg, résidence du cardinal de Rohan.

terreur y est grande et croît d'un jour à l'autre.
M. le Prince de Conti quitte Worms, parce qu'il
est aux ordres de M. de Traun ([1]) qui remonte le
Rhin, soit pour l'éloigner de Francfort, soit pour
passer en Haute-Alsace. D'un autre côté M. de
B... envoie des partis dans le Bas-Palatinat et
même jusque dans la Lorraine Allemande, de
sorte que ces gens là nous donnent de la jalousie
partout. Les malheurs de la dernière campagne ne
sont point encore effacés et on craint bien de les
voir renouveler. On ne conçoit pas comment M. le
Prince de Conti, étant du double plus fort avant
la jonction, n'a point attaqué. On pense donc qu'il
n'a autre chose à faire aujourd'hui que d'envoyer
un fort détachement dans la Haute-Alsace et de
couvrir la Basse, premièrement pour la défendre
et puis pour attaquer si les ennemis sont trop
dégarnis de ce côté-là. Il est aussi extrêmement
pressé d'envoyer renforcer Bitche où il n'y a personne ([2]).

La perte que nous avons faite en brûlant nos
bateaux, quoique considérable, car cela est estimé
près de quatre cents mille francs, l'est bien plus
encore parce qu'il n'y a plus de bateaux sur le Rhin
ou du moins très peu. Les ennemis au contraire
en ont de quoi établir plusieurs ponts.

L'élection ([3]) paraît certaine; cependant, il y a

1. Le comte de Traun, feld-maréchal au service de l'Autriche,
né en 1677, mort en 1748.

2. Louis-François de Bourbon, prince de Conti, né en 1717,
mort en 1776, commanda en Piémont (1744), en Allemagne (1745),
et en Flandre (1746).

3. François de Lorraine, grand-duc de Toscane, fut élu empe-

des gens qui prétendent qu'il faut qu'il y ait
encore des difficultés, puisque les ennemis ont le
temps de nous inquiéter, au lieu qu'ils n'auraient
rien de plus pressé que de s'approcher de Francfort
si toutes leurs dispositions étaient faites. D'ailleurs
il est certain que la consternation est à Dresde : les
Prussiens y ont déjà paru et ravagé. L'électeur (¹),
à ce qu'on assure, redemande ses troupes. Si cela
était, ces troupes de moins embarrasseraient beaucoup le prince Charles, et il faudrait qu'il dégarnît
l'Armée de M. de Traun.

Vous croyez bien que l'on s'élève beaucoup sur
le détachement que l'on fait pour la Flandre, et
que c'est la défense de M. le Prince de Conti ; mais
quoi qu'il dise, il ne se relèvera pas du décri où il
est ici. On ne lui pardonne point la perte de ses
bateaux, parce qu'après avoir consulté M. Lusteau
(je crois que c'est ce nom-là), il a pris le parti
contraire à celui qu'on lui proposait.

Mme d'Argenson, à qui j'ai montré cette lettre,
m'a dit qu'elle vous avait mandé une partie de
tout cela.

26

Dans le moment on nous mande que M. le Prince
de Conti n'a point quitté Worms, où il continue
de consommer les fourrages.

[Juillet 1745].

reur à Francfort le 13 septembre 1745, malgré les efforts de la
France.

1. Auguste III, électeur de Saxe et roi de Pologne, né en
1696, mort en 1763.

A Saverne, ce 27.

Voilà encore une conquête nouvelle (¹). En trois jours ! cela est incroyable. Je vous en fais de nouveau mon compliment. Il est bien grand de faire triompher son maître.

Je voulais faire un parallèle de la campagne de 1672 et de celle-ci, à commencer par les motifs des deux guerres ; mais je n'en sais pas assez pour cela. Il faut être militaire, et je n'ai jamais vu une tente, dont je suis bien fâché. La justice de la cause, la notoriété de notre désintéressement et le courage de nos ennemis feraient un beau contraste avec un petit motif de vengeance, un désir de conquérir et des ennemis qui ne se défendaient pas.

Je pars samedi pour Plombières, ainsi je vous prie d'ordonner que l'on m'y adresse désormais les bulletins.

[Juillet 1745].

A Saverne, ce 29 juillet.

Blot avait raison, il n'y a rien de si ennuyeux à la longue que de vivre toujours *Domine Deus sabbaoth*. Nous sommes depuis trois semaines dans un abîme de délices et d'admiration dont je serai quitte après demain. Comme vous êtes encore plus las de canons que moi, je ne vous dirai plus tous ceux que l'on nous a tirés, mais je continuerai à vous dire qu'il est impossible de rien ajouter aux bonnes façons de M. le Cardinal de Rohan pour

1. Suite des conquêtes du Roi en Flandre. Prise de Bruges (18 juillet 1745). Le 25 juillet, entrée du Roi à Oudenarde.

Mme d'Argenson. Elle en est extrêmement contente et moi aussi par conséquent. Mordieu ! que c'est un drôle de corps que l'Ab. de Ra. Il aurait trouvé à redire à la création, s'il avait été de ce temps-là il aurait voulu mettre le mardi avant le lundi etc. Cela fait un contraste admirable avec son maître qui est le *contentement* même. Il n'y a qu'une chose où il contredit, seulement pour contredire, c'est sur vous. Je ne sais pas ce que Mme d'Argenson vous mande de moi, mais ce que je puis vous dire d'elle, avec vérité, c'est qu'on ne peut se conduire avec plus d'esprit, ni plus d'usage du monde, ne faisant ni trop, ni trop peu, et n'étant ni populaire, ni empirique. Ce n'est pas qu'elle ne m'ait pris, comme de raison, pour son malade, parce qu'il faut que je le sois toujours de l'un de vous deux. J'aurais voulu lui pouvoir être de quelque ressource, mais ce serait comme la trompette marine que M. Jourdain voulait que l'on ajoutât à son concert. Cependant il est vrai que je jouis ici de quelque considération, et je ne sais si je vous ai mandé qu'une dame me disait dernièrement que j'écrivais comme Mme Dunoyer. Voyez, je vous prie, quelle exagération !

Je vous dirai pour toute nouvelle qu'il est étonnant l'empire que le Grand Duc a sur l'esprit de M. le Prince de C. (¹), il lui fait faire tout ce qu'il veut.

Duparquet dit que la Reine de Hongrie ne veut plus que des militaires, mais cela n'est pas

1. On pensa't qu'une manœuvre hostile de l'armée de Conti pouvait empêcher l'élection du grand-duc à Francfort.

si bon que les barbets (¹) qui ont pris l'équipage de l'Intendant du Dauphiné ; il dit que, s'ils
sont bons, ils les rapporteront.

[1745].

A Plombières, ce 8 août.

Enfin me voilà hors de la captivité de Babylone,
car les honneurs enchaînent comme autre chose.
Mme d'Argenson commençait à être lasse, tout
comme moi, et pour se délivrer de la garde préto-
rienne, elle m'a chargé de dire au préteur, et
d'avertir M. de Balincourt, qu'elle ne voulait pas
entrer dans Strasbourg.

J'ai trouvé ici ma chère comtesse d'Harcourt (²),
qui avait essayé de verser le fiel dont elle s'était
nourrie pendant quinze jours avec nous, mais
elle n'a pas trouvé de débouché, et surtout les
Rouil... (³) l'ont repoussée à force de plaisanteries.
J'ai appris cela en arrivant, j'en ai parlé à R.
qui en a pris occasion de me dire combien il
avait été fâché de s'en tenir avec Mme D. à de
simples civilités ; qu'il n'avait pas été le maître de
lui faire plus d'avances, parce que Mme de C...
avait dit que s'il donnait à dîner à Mme d'Arg.
elle sortirait de la maison ; qu'il aimait la paix,
et qu'il avait craint une scène A cela je lui ai
répondu que cela était d'autant plus fâcheux,

1. Les *Barbets*, contrebandiers et bandits des Alpes.
2. Marie-Madeleine Thibert des Martrais, mariée en 1742 à
Henri-Claude, comte d'Harcourt, lieutenant-général en 1748.
3. Rouillé (Antoine-Louis Rouillé, conseiller d'Etat en 1744,
devint plus tard ministre de la Marine, puis des Affaires étrangères. Né en 1689, mort en 1761).

qu'ils étaient, de toutes les eaux, ceux à qui elle avait marqué le plus de prévenances ; qu'après cela elle ne m'en avait point parlé.

Je suis arrivé ici avec 3o placets au moins pour vous, que mon grand crédit m'avait attirés : je vous en ai fait le sacrifice en arrivant, et je les ai brûlés. J'espère que ce sera une tontine qui accroîtra à ceux que j'ai conservés.

J'ai passé par Bollwiller (*) en revenant : c'est la Mésopotamie. On croit entrer chez Abraham. Hélas ! la pauvre femme compte ses bœufs, tandis que son fils compte les rouleaux pour s'en défaire. Ce que l'économie de la mère a de raisonnable, c'est que l'on ne peut pas tenir un état plus noble, mais tout est pris dans le lieu. Vous mangez le mouton que vous avez vu paître la veille, cela fait quelquefois qu'il n'en est pas plus tendre, mais on est toujours bien aise de manger des choses de connaissance, et dans le vrai c'est de toutes mes *vacances* (comme disait M. Dodun) (*) le lieu où j'ai fait la meilleure chère.

Si les bruits sont vrais, vous revenez bientôt ; mais vous revenez bien grand. Naturellement, j'ai un peu peur des géants. En absence cela me fait un grand plaisir, vous en imaginez bien la raison ; mais pour le journalier cela *décarle* bien un ménage, comme dit Nicolas, et cela dérange beaucoup de la symétrie de l'amitié. N'importe, puissiez-vous mettre coudée sur coudée,   moi et

1. Terre et marquisat en Haute-Alsace, possédés par la famille de Rosen. Le maréchal de Rosen y était mort en 1715.

2. Contrôleur-général sous le ministère du duc de Bourbon (1723-1726).

Villars nous vous aimerons dans la solitude de notre âme. Bonjour.

J'attends ma nièce mercredi et Mme d'Argenson vendredi ou samedi. Je suis assez content de mes eaux. Elles ont fait un bien infini à Mme d'Argenson et je suis sûr que la seconde saison achèvera de la guérir.

Mon Dieu, que je désirerais que vous puissiez lire les nouveaux mémoires de Sully ! (¹) Il n'y a pas de livre plus curieux, ni de plus plein de sens. Mais on se tromperait lourdement si on confondait M. Orry (²) avec Sully, à cause de leur rudesse. Ce n'est pas le tout que d'avoir de gros souliers. Ce serait pourtant ce que je craindrais si le R. le lisait.

[1745].

A Plombières, ce 14 août [1745].

Je ne vois pas pourquoi le Roi reviendrait : On ne veut pas voir qu'il fait la force de son armée ; on jouit de lui comme on fait de la santé que l'on ne prise que quand on l'a perdue. Il ne serait pas plutôt parti que l'on s'apercevrait combien il manque. Il n'y a que des exclamations à répéter sur cette campagne la plus brillante et la plus solide que nous ayions dans notre histoire. Tant qu'il pourra acquérir, il faut toujours que ce soit par ses mains ; si l'on prévoit des difficultés, c'est

1. Les *Mémoires de Sully*, rédigés par l'abbé de l'Ecluse, ont paru en 3 volumes en 1747. Le marquis d'Argenson les a analysés dans les *Loisirs d'un Ministre*.

2. Philibert Orry, né en 1689, contrôleur général des finances en 1730, disgrâcié en 1745, mort en 1747.

alors qu'il est convenable qu'il se retire. Il en a
déjà assez surmonté, mais..... pour le Rhin enfin,
il n'en est pas de même. Voilà ce que le Roi peut
dire à son cousin M. le Prince de Conti ; il est inex-
primable le décri où il est. Je ne juge pas ce que
je n'entends pas, mais c'est la voix générale. Il
court de furieux bruits sur le C. G. (¹) ; il a fait
une sottise bien pommée de n'avoir pas attendu
à la fin de la campagne pour faire son opération
sur les actions. Il sera renvoyé, s'il l'est, dans
le temps où il allait avoir du repos et où le Roi
soulage le trésor royal de plus de 20 millions par
an. On nomme Boul. et de B. le premier porté
par les P. (²) qui seront les maîtres de cette partie
du gouvernement et qui se sont fait connaitre
en cette partie pour ce qu'ils sont sous M. le
Duc (³). L'autre est plus instruit du commerce,
et sera moins entreprenant. C'est pensez-vous là,
de la politique de Plombières, à la bonne heure !

Mᵐᵉ d'Argenson est arrivée hier en bonne santé
toute aussi lasse d'honneurs que je l'étais de
devoirs, car tout cela fatigue également.

Paris, 9 août.

J'allai hier souper à Choisy, comme je vous
l'avais mandé. J'y trouvai Mesdames de Brancas,
de la Marck, de Pons, de Livry, de Castries. Le
maréchal de la Fare (⁴) y vint, le Controleur Géné-

1. Le contrôleur général (Orry).
2. Les frères Pâris. Ils désiraient la place de contrôleur général
pour M. de Boulogne, intendant des finances.
3. Le ministère du duc de Bourbon (1723-1726).
4. Philippe-Charles, marquis de La Fare, mort en 1752.

ral (¹), le petit Saulx, etc. Je fus reçu avec amitié,
je lus l'article de votre lettre qui était l'occasion
de ma visite; on me raconta tout ce que l'on avait
fait pour vous auprès du Roi, et nous ne parlâmes
toute la soirée que des bals où l'on avait été chez
moi ; combien on s'y était amusé. On (²) en rappela
toutes les circonstances avec gaieté et avec envie
de me faire plaisir. Je lui avais demandé en nous
promenant si elle avait reçu mon livre, elle me dit
qu'oui, et que je m'y prenais fort bien pour être lu:
mais que, comme le prétexte de cette galanterie
était que je ne voulais pas me nommer, elle aurait
cru devoir m'en garder le secret en même temps
qu'elle me savait gré de la ruse que j'avais prise .
pour qu'il lui parvînt. Je causai assez longtemps
avec La Fare que je laissai parler, ce fut sur les
tracasseries du pays où vous habitez : sur le
malheur de votre situation et par conséquent des
affaires. M. de Machault avec qui je causai aussi
longtemps me redit à peu près les mêmes choses ;
car c'est l'entretien de l'univers. Il n'y eut rien
dans ces deux conversations qui laissât voir d'autre
intérêt pour vous que celui de la chose publique
à laquelle vous étiez nécessaire. Je ne sais que
vous dire sur tout cela de si loin et étant si peu
instruit.

On parle d'une dernière scène en présence du
Roi, cela est horrible, indécent, et anarchique et
excède la mesure de la patience ordinaire. J'ai une
grande impatience que le Roi revienne, c'est le

1. Machault d'Arnouville (depuis le 6 décembre 1745).
2. *On*, c'est Mᵐᵉ de Pompadour.

désir de tous vos amis. Adieu, je vous embrasse
de tout mon cœur.

A Monsieur le Comte d'Argenson,
Ministre et Secrétaire d'Etat de la guerre,
à l'Armée du Roi.

A Séchelles, ce mardi au soir, 25.

Je n'ai point de regret de mes vingt lieues, puisqu'elles m'ont valu une lettre de vous. Je craignais
ou que mes plaisanteries ne vous eussent paru
froides, ou ma politique provinciale ; mais comme
vous ne m'en parlez point, j'explique votre silence
en ma faveur. Jugez combien j'y ai gagné depuis
deux mois. Que diable voulez-vous que je devienne
si vous m'ôtez jusqu'au conseil ? Je m'étais réservé
cette ressource, et je m'étais retiré avec cela aussi
content que quand je travaillais pour moi: mais
je vois bien qu'il faut que je renonce à ce genre là ;
pas un moment, dans ma vie où l'on ne m'ait coupé
l'herbe sous le pied.....

Vous n'y avez pas bien pensé, moi que j'aille
à Louvain ! et quelquefois je me trouve de trop à
Versailles ! Je ne suis pourtant pas fâché que l'on
pense que cela soit possible, mais il faut se retirer
sur cela : c'est comme quand le Roi nous a dit un
mot en passant, à nous autres particuliers, il ne
reste plus qu'à s'en aller; vous savez que c'est ma
manière. J'ai toujours trouvé que quand on était
désiré, on en avait assez. Si j'étais peintre en histoire, je me ferais un plaisir d'aller peindre sur les
lieux les grands événements dont je serais le
témoin, mais je ne fais que des miniatures ; et

mon Dieu, moi dans un camp ! tout le monde me
dirait : vous en Aulide, vous, et qu'y venez vous
faire ? Je n'ai retenu que cela des amants de
voyage aux rives prochaines. J'aurais déjà ouï
dire que l'on s'était assez ennuyé à Bruxelles.
que ne faites-vous comme moi ; quand je m'ennuie, je me mets à vous écrire et cela me divertit.

Je reviens à Louvain. Si vous étiez aussi bien
à Lille, je ne dis pas que je ne fisse cet effort-là
pour vous, d'autant que j'aurais beaucoup à vous
conter, et des choses assez plaisantes et fort
singulières : mais il n'y a pas moyen de les écrire,
fût-ce avec de l'encre invisible.

Pontchartrain n'a rien fourni ce voyage-ci ;
Pont-de-Veyle (1) garde Mme de Luxembourg, le
le Grand Prieur fait des parades ou des *disparades*
dans la Méditerranée, et Caylus (2), ma foi je ne sais
ce qu'il fait. peut-être quelque brochure contre
moi. On y a beaucoup joué, beaucoup mangé, beaucoup dansé, beaucoup de dames de . Lauraguais.
de Flavacourt, de Srs de Montaigu (3), de Rubempré, d'Agénois (4) etc...

Parlons encore de P.; elle est très contente de
n'être plus fâchée. Mais j'ai appris par là que vous
aviez des vues sur M. votre neveu. Vous savez que
j'y prends un intérêt véritable et que je l'aime

1. Antoine de Ferriol, neveu de Tencin, « ci-devant l'un des
deux lecteurs de la Chambre et du Cabinet du Roi ».

2. Le comte de Caylus, archéologue, membre de l'Académie des
Inscriptions (1692-1765).

3. Gentilhomme de la Manche (du Dauphin).

4. Emmanuel-Armand de Vignerot du Plessis-Richelieu, duc
d'Agénois, né en 1720, maréchal de camp en 1748.

beaucoup. Sûrement vos vues lui seront utiles, ainsi je vous en fais mon compliment. Le parti où vous revenez en conséquence pour Beaumont démontre la vérité de vos intentions, et a ramené la sévérité, moins par rapport à son intérêt, que parce que l'on a été obligé de reconnaître qu'il nous en aurait couté beaucoup de manquer à nos engagements avec P.

Les Rouillé sont venus ici la semaine passée avec l'abbé de Salabéri. Pour le présent nous ne sommes que six. La maison est très jolie, de beaux jardins et une situation fort agréable, des potagers magnifiques.

La lettre du bourgeois de Dort m'a fait grand plaisir ; elle est forte, judicieuse, mesurée et bien écrite. Cela servirait à quelque chose si les hommes se déterminaient par leurs intérêts, mais il y a longtemps que cela est passé de mode.

On ne sait ce que l'on doit attendre de nos opérations en Flandre : les personnes assez bien instruites croient que notre général n'a pas envie de faire le siège de Maëstricht (¹), et le public trouve qu'il n'y a pas de proportion de la force de l'armée du Roi avec ses opérations. On rappelle la campagne dernière, et on n'est pas content.

Pour la troisième fois je vous reparle de mon voyage, pour vous dire que vous croyez bien que je sens comme je le dois l'amitié qui vous fait me désirer, bien loin que vous me trouviez de trop. Il est certain que je serais là sur votre compte puisque je n'irais que pour vous, et par conséquent

1. Maestricht investie allait se rendre quand on apprit les préliminaires de la paix de 1748.

vous seriez chargé de l'événement. Je sens tout cela assurément, et cela me fait plaisir, parce que c'est tout ce que je veux. Mais je ne monte plus à cheval, je suis délicat, et il pourrait arriver tel cas où je serais quelques jours sans vous voir ; qu'est ce que je deviendrais ?

Si vous parlez au Roi de mon ouvrage, il y aurait peut-être une réflexion à lui faire faire, c'est que c'est une allégorie perpétuelle contre le jansénisme. Je ne m'en vanterai pas dans le monde, si j'étais reconnu, comme cela pourra arriver, parce que ce serait mettre un furieux parti contre soi, et je me contenterai de dire, comme il est vrai, que c'est l'histoire de ce temps-là. Mais il n'en est pas moins vrai que les armes que je choisis pour combattre le calvinisme, je les ai appropriées contre le jansénisme, et c'est un moyen de faire ma cour d'autant plus honnête que je pense ce que je dis.

Adieu. Voilà une lettre ridicule pour la longueur. Je vous embrasse de tout mon cœur.

Pour vous seul.

[1747].

A Paris, ce 24.

Je vis hier F., je ne puis vous dire quelle est mon indignation : cela flétrit le cœur. Où en seriez-vous si vous aviez besoin de cela pour vivre ! et que cela justifie bien le parti que vous avez pris en dernier lieu ! Les hommes font horreur, mais en même temps il faut convenir que cela vous tire de servitude, et vous sert merveilleusement pour l'avenir. Le moyen est violent, mais enfin il sera utile, et vous devez reconnaître votre étoile, qui se plaît aux choses extraordinaires, et qui ne vous a jamais mené par les routes communes. Vous croyez bien que je ne vous ai pas su ici, je suis arrivé précisément le même jour que vous. Adieu, portez vous bien et ne mettez pas votre bon cœur à pleurer des ingrats. Je trouve que c'est tout le contraire de mettre tous ses œufs dans un panier; ce sont 3 ingrats qui se trouvent ensemble et dont vous voilà défait tout à la fois. J'ai vu à la campagne une grande..... dont Mme du Def (1) vous a parlé, avec laquelle nous avons beaucoup causé de vous. J'aurais voulu pouvoir vous rendre compte de la conversation. Je vous conseille, quand vous la rencontrerez, de lui donner des marques d'attention, vous pourrez même lui parler de moi, et sans vouloir se mêler de rien, c'est une personne qui peut rendre de bons offices. Ne négligez pas cela, je vous en prie. Bonjour encore une fois.

A Versailles, 24.

J'arrivai hier matin de Pontchartrain où j'étais allé mardi, comptant aller coucher le soir à Paris, au moins après le souper : mais je n'en ai pas été le maître, en distinguant entre nous autres théologiens le libre du volontaire. Il y a des contraintes bien plus fortes que l'autorité, c'est celle de croire que l'on peut être de quelque ressource et de quelque amusement. Cela m'est devenu si nouveau que je crois toujours me tromper, mais où il n'y a pas de motif il faut croire ce qui est apparent, et

1. La marquise du Deffand (1697-1780).

d'ailleurs une sorte de confiance en est la preuve. Elle n'est pas encore telle que je la voudrais, mais je veux que l'on me donne des idées bien nettes de ce que l'on pense; on me répond : bon, comment voulez-vous que je fasse, demandez lui plutôt, il vous dira que mon âme est un galimatias. Mais, comme dit Pierrot, (c'est celui de la foire) tout fait... Mon Dieu, que c'est une chose plaisante (vous la savez) que ce qu'a dit Mme de Caum. (Caumartin) de la Princesse de R. (Rohan).....

Si l'on me parlait avec autant de détail du présent que du passé, je pourrais me vanter d'être le président de mon corps le plus instruit; mais il pourrait fort bien être de ceux qui parlent d'eux comme des historiens, on ne peut pas écrire l'histoire présente comme ce qui est passé, parce qu'on ne sait pas si bien les faits. J'avais compté aller Lundi à Séchelles (¹) et je ne pourrai y aller que Mardi. J'en ai eu des nouvelles, on s'y porte à merveille. Il n'est rien de tel de n'avoir rien à faire pour ne pouvoir pas se retourner : à la vérité, vous pourriez être la preuve du contraire. Bonjour, je vous embrasse de tout mon cœur.

A propos, c'est de votre lit que je vous écris, mais cela ne m'a pas fait d'effet, et je n'ai rêvé ni que je détrônais le Mogol ni que je violais personne.

Pour vous seul.

A Paris, ce 26 juin.

Depuis ma lettre écrite de Versailles j'ai appris des choses qu'il est bon que vous sachiez; j'en ai

---

1. Résidence de Moreau de Séchelles (1690-1760), intendant militaire en Bohême (1741), proposé par le comte d'Argenson pour les fonctions de contrôleur général en 1754.

parlé à M. de Saint-Héran qui les savait comme
moi, et par différents témoins dont la foi n'est pas
suspecte. On cherche à entraîner M. le Dauphin
dans un parti qui ne se rebute point d'entreprendre
et comme on trouve en lui un prince trop instruit
pour adopter des principes dont il connaît tout le
danger, on les lui présente sous une forme dont il
ne puisse pas se méfier.

« Le jansénisme est un mot dont on se sert pour
« perdre tous les hommes de mérite, les cinq pro-
« positions ne sont point dans Jansénius, la Consti-
« tution ne condamne que des propositions ortho-
« doxes, M.M. de Port-Royal étaient des hommes
« d'une piété reconnue, les chefs de cette prétendue
« hérésie étaient les plus célèbres écrivains du siécle
« passé, et les plus honnêtes gens, etc. » Ce qui est
à remarquer c'est que ceux qui débitent de pareilles
maximes sont les mêmes qui sont à la tête du parti
de M. de Châtillon, et qui comptent sans doute
amener M. le D. à l'indépendance de la conduite,
par l'indépendance des sentiments. Ce parti a
l'affiche du bel esprit, et peut séduire par là
quelqu'un qui en a et qui est flatté d'en montrer.
Cependant je sais d'un autre côté, et voilà ce que
je n'ai pas dit à M. de Saint-H., que le D. est en
correspondance avec le Père Griffet : cela semble
détruire ce qui précède, mais on voit à tout cela
un esprit curieux, qui cherche à voir et à apprendre
et par conséquent à qui il ne faut laisser voir que
ce qu'il doit voir. J'ai cru devoir vous instruire de
ces faits, je vous prie de brûler ma lettre. Vous entend.. aisément que le parti de M. de la Rochef (¹).

1, Alexandre duc de La Rochefoucauld, né en 1690, grand-

se joint à ce parti là, car cela ne manque jamais
d'arriver, et les mécontents n'ont jamais qu'une
même doctrine.

Pour vous seul.

Paris, 31 décembre.

Voltaire m'a envoyé son livre (¹), en me priant
de lui envoyer des critiques, c'est-à-dire des louanges. J'ai beaucoup hésité à lui écrire, parce que
je crains de le contredire, et que d'un autre côté
je voudrais bien que son ouvrage fût de façon à
être admis dans ce pays-ci, et qu'il l'y ramenât.
C'est le plus bel esprit de ce siècle, qui fait l'honneur de la France, et qui perdra son talent quand
il aura cessé d'y habiter. Mais c'est un fou que la
jalousie en a banni. Je l'ai entendu toute sa vie
déclamer contre le siècle de ce que l'on ne faisait
rien pour les hommes célèbres. On en récompense
un que sa vieillesse met hors de pair, et dont les
talents restaient sans récompense sans Madame
de Pompadour, et Crébillon fait sur lui l'effet que
Cassini a fait sur Maupertuis. Tel qu'il est pourtant
il faudrait, s'il était possible, le mettre à la portée
de revenir, et cet ouvrage pourrait en être l'occasion. C'est ce qui m'a déterminé à lui envoyer
des remarques sur le 1ᵉʳ tome, dont vous trouverez
ici une copie.

Le défaut de ce premier tome en général, et qui
en est un grand, c'est, comme vous l'avez remarqué
vous-même, que Louis XIV n'y est pas traité à

maître de la garde-robe ; ami du duc de Châtillon et disgrâcié
comme lui ; sa disgrâce sera définitive.

1. *Le Siècle de Louis XIV.*

beaucoup près comme il doit l'être. Mais le 2ᵉ tome
dont j'ai lu les deux tiers, répare bien tout cela.
C'est un autre climat ; Louis XIV y reparaît dans
toute sa splendeur, je n'ai rien vu de comparable
ailleurs ni pour la gloire du Roi ni pour celle de
la nation. J'ai reconnu quelquefois avec plaisir
que j'avais pu lui être utile, mais il ne s'en est pas
souvenu. Il raconte le mariage de Mᵐᵉ de Main-
tenon et il en fait l'apologie, matière hardie et
délicate sur laquelle il y a à réfléchir. Mais, en vérité, il n'y a ni Titien, ni Rubens dont le coloris
égale le sien.

[1751].

Vendredi matin, 3 décembre.

Vous savez tout ce qui s'est passé, vous savez
par conséquent l'arrêté de M. Molé (¹) qui n'a perdu
que de quatre voix. Cet arrêté aussi fort que l'autre
avait un grand avantage, c'est qu'il ne laissait point
de queue à cette affaire, au lieu que l'autre expose
encore le Roi à une députation et par conséquent à une espèce de représentation. Elle peut
embarrasser parce qu'il y faudra répondre, et c'est
sur quoi je hasarde de vous prévenir. Le parlement
se croit fort par l'exemple de ce qui s'est passé en
1668. M. le premier président (de Bellièvre) s'opposa
devant le Roi aux raisons dont M. le Chancelier
(Séguier) appuyait l'ordre du Roi de faire venir
les minutes pour supprimer celles qui avaient été
injurieuses à l'autorité royale. La résistance de
M. le premier président était fondée sur ce que le
parlement étant propriétaire des minutes, c'était

1. François-Mathieu Molé, second président du Parlement, né
en 1705.

au parlement à qui il fallait les demander, et qu'ainsi lui, premier président, n'était pas en possibilité de les délivrer. Le Roi trouva que le premier président avait raison, et dit : « Je ne veux rien qui ne soit dans l'ordre, ainsi suivez vos usages et vos formes ». En conséquence, on assembla les chambres, à qui on reporta l'ordre du Roi. La Cour ordonna que les minutes seraient apportées au Roi et nomma quatre commissaires pour, avec M. le Chancelier, faire le triage des arrêtés qui devaient être supprimés : et ainsi le Roi fut obéi, parce qu'il doit l'être, mais il le fut en observant la règle.

Voilà à peu près l'historique de cette anecdote que M. Molé me rapporta hier au soir, et auquel j'ai foi parce que le Roi n'a pas de magistrat qui lui soit plus attaché ni plus soumis. Cependant, pour plus de sûreté, je lui demandai s'il ne pourrait pas me donner l'extrait des registres où ces faits sont rapportés. Il me dit qu'oui, mais qu'il ne les avait pas dans le moment, et qu'il me les enverrait ce matin. Si je les reçois assez tôt, je les joindrai à cette lettre, sinon je vous les enverrai à part.

J'appris hier que le voyage du Roi que je croyais n'être que pour lundi sera pour demain. Comme dans ma première idée j'avais le dimanche libre, je donne à dîner ce jour-là à bien du monde, et je vous en avertis, pour que vous me donniez samedi ou lundi.

Je joins ici l'extrait de l'arrêté de M. Molé qui n'a pas passé, et qu'il avait fait plus fort que l'autre pour empêcher que l'on n'ordonnât une députation.

Les quatre voix qui l'ont emporté sont le président Chauvelin, Pasquier, l'abbé Chauvelin et

Titon. L'abbé de Salabéri était de l'avis de M. Molé.

Samedi.

Il est inutile de vous avertir de ne vous en pas rapporter à mes lumières. Cette précaution prise, voici ce que je pense, en conséquence de ce que je vous ai mandé ce matin :

Une déclaration qui contiendra uniquement l'évocation à la personne du Roi pour un an ;

annoncer un tribunal qui jugera sur le champ ;

que la balance sera bien exacte entre le clergé et les sujets ;

amnistie générale du passé et tout rétabli à sa place, sauf à punir ceux qui contreviendraient de nouveau ;

la déclaration de 1754 demeurant dans toute sa force ;

faire enregistrer les autres Edits dont on a besoin pour n'avoir plus que faire du parlement, au cas qu'il quitte le service (¹) ;

déchirer des registres du parlement tout ce qui a été fait depuis cinq ans, arrêts, arrêtés, remontrances, etc..., ainsi qu'il a été pratiqué en 1648 ;

faire connaitre au parlement la résolution fixe de punir à l'instant quiconque, dans les deux partis, osera s'élever contre l'autorité royale, que le Roientend conserver telle qu'il l'a reçue de Dieu et de ses ancêtres ;

défendre toute protestation avec assurance de

1. Le Parlement avait déjà quitté le service le 6 mai 1753, et recevait un ordre d'exil. Rentré en grâce en 1754, il sera supprimé en 1771.

punir sur le champ quiconque osera en faire l'ouverture, et annoncer la sécurité pour s'opposer aux entreprises.

Si ce projet est raisonnable on peut différer le lit de justice.

Brûlez cette lettre.

Nulle mention du Bref ; tout doit se passer en généralités.

A Monsieur le Comte d'Argenson,
Ministre d'Etat, aux Ormes.

Il est impossible de mettre plus de zèle, (cela va sans dire) mais plus de prudence, plus d'habileté, plus de précautions, plus d'à propos qu'en a mis M. de Paulmy dans toute cette affaire (¹). Il a parlé à chacun sa langue, saisi l'intérêt personnel, insisté sur les circonstances les plus propres à persuader, etc. A dire vrai, pour le fond de l'affaire, il n'y a pas trouvé le moindre obstacle. Mme de Pompadour par laquelle il devait commencer, l'a plutôt prévenu qu'elle ne l'a écouté. Il l'a trouvée convaincue de l'atrocité de l'invention, mais surtout dans la plus grande indignation d'une si horrible invention. Il lui a bien fait connaitre le malheur de toute personne que le Roi a honorée de sa confiance, et qui aurait à craindre en retour

1. Le comte d'Argenson avait été disgrâcié et exilé le 1er février 1757. Son neveu, le marquis de Paulmy, qui lui avait succédé comme ministre de la Guerre, avait à le défendre contre des intrigues attribuées à l'entourage de Mme de Pompadour.

de l'avoir trop bien servi. Elle a devancé ses raisons plutôt qu'elle ne s'y est rendue: elle a
démêlé les ressorts crimĭnels qui faisaient agir ;
son indignation a été aussi forte que le crime,
elle pense que ce n'est pas assez qu'une décharge de cette inculpation, il faut fouiller cette
affaire, reconnaitre les perfides, et faire voir à
découvert au Roi tout ce qu'ils sont capables
de produire. Enfin cette affaire ne restera pas
impunie. Le nommé (n'est-ce pas le Roi) a nié
avec courage et fermeté tout ce qu'on a voulu lui
faire avouer, et a fait connaitre à quel point la
calomnie était dénuée de bon sens. Desforges a
tout créé, soit de lui-même, soit par inspiration,
on saura qui l'a fait parler, etc...

De là M. de Paulmy a été chez M. le maréchal
de Belle-Isle (1) auquel il a rendu mot à mot la
conversation qu'il venait d'avoir. M. de Paulmy
vous dira tout cela, mais il n'y a pas de mal à vous
le répéter. Il est bien de l'avis de Mme de Pompadour que cette affaire a des branches, qu'il y a des
instigateurs qu'il faut démêler et qu'il faut punir.
Il y a dans tout cela un premier fripon, qui est
l'abbé de Broglie; en attendant la justice divine,
il n'échappera pas à la justice des hommes : le Roi
n'est pas en sûreté au milieu de tant de serpents.
J'abrège pour ne pas répéter ce que l'on vous
écrira. M. de Belle-Isle remettra au Roi ou plutôt
lui a remis dimanche la copie de votre lettre. M. de

1. Le maréchal de Belle-Isle succédait au marquis de Paulmy
comme ministre de la Guerre (mars 1758). M. de Paulmy conser-
vait séance au Conseil des Ministres, et y siégea jusqu'au 30 juin
1758.

Paulmy voulait remettre l'original à Mme de Pompadour ; elle lui a dit que cela devait regarder M. de Saint-Florentin.

La troisième station a été chez M. de Soubise, qui ne se mêle de rien de tout cela, qui reconnait, ainsi que les autres la justice qui vous est due, mais qui, à dire vrai, a la tête trop pleine de ce qui le regarde pour être affecté d'autre chose. Il a à se plaindre de tout le monde ; il a employé le temps qu'il a donné à M. de Paulmy plus à parler de lui qu'à l'écouter. Mais il se joindra pour demander justice.

Enfin ce matin M. de Paulmy a été à l'audience de M. de Saint-Florentin à Paris. Il ne lui a rien laissé ignorer de tout ce qu'il avait fait, et lui a remis l'original de votre lettre pour le Roi, qu'il ne manquera pas de lui rendre.

Mais ce que M. de Paulmy a fait à merveille, c'est qu'il a parlé à M. de Saint-Florentin de M. de Maurepas. Il lui a bien peint l'horreur qu'il y avait de pouvoir vous imputer une pareille calomnie contre lui. M. de Saint-Florentin ne manquera pas d'en rapporter tous les détails à M. de Maurepas, à qui cela n'a pas fait la plus légère impression. Mais n'importe, il n'y a pas de mal de lui faire connaitre que l'on y a été sensible. Vous aurez une lettre authentique de M. de Saint-Florentin par ordre du Roi, vous en aurez une de M. de Belle-Isle. En un mot, il ne vous restera pas l'ombre d'inquiétude ; et je la crois dissipée d'avance, si la lettre que je vous ai écrite mardi en présence de M. de Paulmy a pu partir assez tôt.

Grâce à Dieu, vous voilà quitte de ce fardeau, qui m'a accablé, et qui n'a pas diminué ma maladie (¹).

[1758].

Dimanche 22, Paris.

Je n'ai pu vous écrire hier de Versailles et j'en suis très fâché : quoique je susse que l'on vous avait pleinement rassuré. J'ai trouvé en arrivant une lettre de M. de Voyer qui se promène dans la chambre, elle est du 15. Il touche à la convalescence ; enfin il n'y a eu que de la gloire et ce n'est pas sa faute si il n'a pas péri (²). M. de Soubise (³) a écrit comme on pouvait le désirer, et toute sa lettre ne regarde que vous. Vous jugez bien que l'on en fait usage . Mme de Castelmoron est bien touchée de ce que vous me mandez de M. de Belzunce qui s'en tirera s'il plaît à Dieu. Le peu d'espérance des premiers jours a fait qu'on l'a loué sans con-

1. Dans ses *Mémoires*, le président Hénault raconte cette intrigue et l'attribue à l'abbé de Broglie. Le nommé Desforges, auteur de vers injurieux contre le Roi, avait été enfermé au Mont-Saint-Michel. Pour obtenir sa liberté, dit Hénault, « il n'avait qu'à consentir à l'horrible calomnie qu'on voulait lui inspirer en disant que c'était M. de Maurepas qui l'avait engagé à composer cet ouvrage. ...Mais qui pouvait avoir fait donner avis au prisonnier ? M. d'Argenson, ajoutait et affirmait l'abbé de Broglie ». On peut lire dans les *Mémoires* du président Hénault la lettre du comte d'Argenson, du 24 mars 1760, « pour demander justice d'une si exécrable imputation ». L'ancien ministre obtient une entière satisfaction : « Le Roi ordonna à M. de Belle-Isle d'écrire à M. d'Argenson que la fausseté de cette calomnie avait été avérée, et qu'il lui rendait toute la justice qui lui était due. »

2. M. de Voyer avait été blessé à Crevelt (23 juin 1758).

3. Charles de Rohan, prince de Soubise, né en 1715, maréchal de France en 1758, mort en 1787.

trainte et il pourra jouir de son oraison funèbre.
M. de Jaucourt aura le changement de bataillon.
M. de Belle-Isle en a chargé devant moi M. de Cré-
mille (1); pour le brevet cela est plus difficile, j'ai
bataillé pour ne pas recevoir une pure négative,
j'ai remis à une autre conversation où le maréchal sera mardi occupé ; car à dire vrai la besogne fait peur. Voilà M. de Soubise maréchal de
France ; on a fait que lui, ce qui a fait taire les
autres prétendants, fondés sur le principe du maréchal de récompenser les actions. Je ne sais pas
ce qu'en pensera M. de Randan que l'on dit qui
avait une lettre.

Mme de Talleyrand ne m'a pas rebuté, mais elle
a dit simplement qu'elle y penserait, sans me paraître fort curieuse des détails dans lesquels je
suis entré.

La famille de M. Desprez (2) a été bien traitée, sa
femme a mille écus reversibles aux enfants. C'est
M. de Ségent qui a traité cela avec ceux. M. de Cré-
mille et M. de Paulmy me disent qu'ils doivent
être contents. On n'a point ignoré la part que vous
y preniez. Je crois que c'est M. du Bois qui est à
la place; c'est réunir bien des emplois, mais il
sera aidé.

J'ai été 6 jours à Versailles. J'ai remis la préface
que vous savez, on en a été assez content pour
la faire lire à la mère, qui a eu la bonté de m'en
parler dans des termes mille fois trop flatteurs.

1. Lieutenant-général depuis 1748, adjoint au ministre de la
Guerre.
2. Commis du bureau de la Guerre, ancien secrétaire du comte
d'Argenson.

14

Cela m'avait procuré une première conversation
où était entré M. de Paulmy et qui a été scien-
tifique. Vous jugez du trouble où met l'Espagne,
cela fait le 4ᵉ acte d'Héraclius. On dit, mais c'est
une nouvelle de barbier, que l'on a découvert
que la feue Reine avait donné plus de 40 millions aux Anglais.

J'ai vu partir le Roi ce matin pour Fontainebleau, d'où il revient Samedi, pour y retourner le
Jeudi, lendemain de la Toussaint. Ce sera le dernier voyage; les ministres en seront car ils ne sont
pas de celui·ci.

L'ambassadeur d'Espagne est allé aux eaux de
Pougues. On a beaucoup raisonné, mais ce n'est
que cela.

Versailles, 19 novembre [1758].

Mᵐᵉ de Talleyrand (¹) a voulu sans doute se
donner le temps d'examiner les diverses propositions qu'on lui a faites, et, ne s'étant encore
arrêtée à aucune, elle est venue à moi: mais pour
préalable, elle veut savoir le nom de celui que
l'on propose, sans quoi il lui est impossible de
rien écarter. Ainsi c'est un préalable indispensable; j'avoue que je ne sais pas quel peut être
le motif ni l'intérêt de le cacher. Mᵐᵉ de Talleyrand est une personne sage, et que je crois in-
capable de faire un mauvais usage de cette confidence, s'il était possible d'en faire. Je vous ai
gardé le secret d'autant plus aisément que j'ai

1. Marie-Elisabeth de Chamillart, fille de Michel, marquis de
Cany, mariée en 1732 au marquis de Talleyrand. Veuve en 1745.

oublié le nom, ainsi vous êtes dans votre entier
pour me dire ce que vous voudrez. Si vous croyez
pouvoir me le dire pour le rapporter à Mme de Talleyrand, il faudra me faire écrire un petit mémoire
contenant le nom, les qualités, la famille, l'âge,
le grade actuel, le bien présent, le bien à venir,
enfin ce que l'on demande.

M. de Voyer se porte à merveille. Il envoya chez
moi, le soir en arrivant, et j'étais chez lui le lendemain matin à 9 heures. Nous causâmes bien longtemps, vous le saurez aussitôt que cette lettre ;
ainsi je n'ai rien à vous dire. Ce qui est vrai,
c'est qu'il me plait beaucup et que l'on ne peut pas
avoir plus d'esprit, peut-être trop de caractère.

Un dernier mémoire (1) envoyé à la fin par l'Archevêque n'a pas eu de succès, et il a passé un-
animement à ne le pas lire. C'est mardi que finit
l'Assemblée ; M. l'Archevêque de Toulouse portera la parole.

On attend depuis cinq jours avec impatience
des nouvelles de Dresde, et nos officiers du Rhin
vont arriver.

Adieu, je vous embrasse assurément de tout mon
cœur. M. votre neveu vous a écrit, je ne suis pas
content de son état. M. d'Auriac, qui exerce depuis
quelques années la place de premier président du
Grand Conseil, demandait d'en avoir la commission à vie. Elle vient d'être donnée à M. de Moras (2)
pour consoler M. le Chancelier (3) qui n'en a pas

1. Adressé à l'Assemblée du Clergé par l'archevêque de Paris.
2. Peirenc de Moras (gendre de M. de Séchelles), contrôleur général, ministre de la Marine.
3. Guillaume de Lamoignon (1750).

été consulté. On a donné une pension de 1000 h.
à Mme d'Auriac, et une pareille à Mme de Senozan.

M. et Mme de Jumilhac sont tombés, en revenant
de Versailles la nuit, dans un fossé auprès du Point
du Jour. Leur voiture a fait 2 tours en tombant,
ils en sont quittes pour quelques blessures, mais
leurs gens sont fort mal.

J'ai revu Mme de Talleyrand (¹), je vous l'ai, je
crois mandé, car je perds la mémoire. L'en
gagement qu'elle avait n'est point rompu encore,
et elle n'a voulu recevoir mon mémoire que
quand elle serait libre.

Je suis toujours enrhumé. M. de Beaumont est
un peu mieux ce matin, mais c'est une grave maladie. J'apprends que Mme de Pompadour a un fort
gros rhume.

C'est dimanche à minuit qu'il sera permis
d'ouvrir le paquet de M. votre grand père (²).
M. de Paulmy a pris pour cela toutes les mesures qu'il devait. J'oubliais de vous dire que,
quand M. de Paulmy s'est présenté devant le Roi,
il l'a reçu avec beaucoup de bonté.

Beaumont a une fièvre inflammatoire qui dure
depuis 14 jours ; vous jugez de l'inquiétude du P^t
de R. (³) et de toute la famille. Mme de Séchelles

1. La marquise de Talleyrand, dame du palais de la Reine.

2. René de Voyer, comte d'Argenson, ambassadeur à Venise
(1624-1700), avait laissé un paquet cacheté, daté de 1658, qui ne
devait être ouvert qu'après l'année 1758 révolue. Le marquis de
Paulmy l'ouvrit devant le Roi. Il contenait, croyait-on, une pré-
diction de Saint Vincent de Paul sur *l'état futur de la religion en
France.*

3. Le président de Rassigny (?)

souffre toujours beaucoup, cette malheureuse humeur s'est jetée sur la jambe. M. de Langres dira la messe du Saint-Esprit. Je compte bien lui donner à dîner, et à M. de Poitiers et M. de Limoges ; je suis à présent de leur diocèse.

(Décembre 1758)-

Versailles, 25 septembre.

Vous connaissez mon cœur, je ne cherche qu'à aimer et la haine est une maladie pour moi. Nous savons ce que nous savons, et quand je vous fais un sacrifice, il m'est permis au moins de sentir que c'en fut un. J'avais le cœur plein, je l'ai répandu et vous devez, j'ose le dire, m'en aimer davantage : vous me dites que vous vous étiez toujours bien aperçu de ma résistance (¹). Eh ! mon Dieu, d'où venait-elle ? et pouvais-je vous aimer sans cela ? Car vous n'avez jamais assez senti combien je vous aimais. Je vous aimais jusqu'à vous craindre, et jamais, non jamais rien de vous ne m'a été indifférent. Donc, je conclus que tout est effacé, et que je redeviens ce que j'étais il y a deux, trois ans... etc,, et il n'y aura que des accidents personnels qui puissent m'empêcher de vous aller voir, ce qui, s'il plaît à Dieu, n'arrivera pas.

Mais hélàs ! combien de fois aurai-je encore le voyage à faire ! Nous aurons toujours à craindre de nous embrasser pour la dernière fois.

Vous n'aviez pas besoin de me dire que rien de ce que je vous mandais n'avait transpiré, cela serait sans ressource. Il est pourtant singulier que

(1) Le président Hénault n'a cessé de combattre l'influence de Mme d'Estrades sur le comte d'Argenson.

jamais le nom n'ait échappé aux Nicolaï, depuis mon retour.

Ne croyez pas que personne m'ait parlé, et qui serait à portée de cela ? Personne dans la nature ne sait tout cela que P. et Mme de C. (¹). Et vous jugez bien que l'une et l'autre a cherché à me calmer. Voilà qui est fini, la suite nous fera connaitre à tous deux le fond des choses, si cela est possible ; mais je partirai toujours de la bonne foi, et de la confiance que je vous dois dont à coup sûr vous n'abuserez pas.

Le voyage du Roi de Pologne s'avance. Il a fait cette année ce qu'il fait toutes les précédentes ; il se charge des bulletins de tout le monde, et il rit tout le premier avec les personnes qu'il sollicite, des sollicitations dont il s'est chargé. Grâce à Dieu, il se porte bien. Le P. de Menoux (²) est ici avec lui, il lui est bien attaché, mais il n'a nulle part à l'amitié que je porte à quatre ou cinq Jésuites. Le P. Berthier, le P. Pittet, le P. Neufville, voilà ce qui pour moi est la société ; car je ne connais pas Suarès (³), mais ce que je dois à la variété, c'est que jamais ils n'ont cherché à me corrompre.

M. de Harlay vient enfin de partir. Il y a cinq mois que je n'ai abordé M. de Choiseul. Si je n'avais pas de dégout à dire les nouvelles des rues, je vous dirais que M. son cousin aura les affaires étrangères, M. Berryer (⁴) les sceaux, et M. le duc

1. Mme de Castelmoron, morte en 1761. « Elle a été dépuis 40 ans l'objet principal de ma vie. (*Mémoire du Président Hénault*).

2. Confesseur du roi Stanislas.

3. Théologien espagnol (1548-1717).

4. Nicolas-René Berryer (1703-1762), lieutenant de police en 1747, devint ministre de la Marine, puis garde des Sceaux.

de Choiseul la marine. Mais encore une fois c'est
ce qui se dit dans les antichambres, et même
dans le cabinet de Mme de Luynes. Adieu, vous
voyez s'il est vrai que je vous aime.

J'ai parlé à M. d'Orléans pour notre curé, ce sont
toujours des promesses.

A Monsieur le Marquis de Voyer,
Lieutenant-Général, à l'Armée de Broglie.

Aux Ormes 20 juillet.

C'est par votre lettre, mon cher Marquis, que
nous avons su les détails de votre bataille. Vous
vous portez bien, et ce n'est pas votre faute. Assurément vous avez une étoile bien singulière. Il suffit qu'il y ait du danger pour que vous soyez
nommé où vous ne deviez pas être. La joie en est
générale ici. C'est M. votre père qui nous a fait la
lecture de votre petit billet à neuf heures du soir.
Voulez-vous bien dire un mot pour moi à M. de
Saint-Germain (¹) ; il y a longtemps que M. d'Argenson m'en a fait connaitre tout le prix. Je
vous embrasse mille fois (²)

1. Claude-Louis, comte de Saint-Germain, né en 1707, lieutenant-général en 1748, vainqueur à Korbach (10 juillet 1760). Il
devint ministre de la Guerre en 1775. Mort en 1778.

2. Le président Hénault se trouvait alors auprès du ministre
disgrâcié, dont il vint fréquemment partager l'exil.

Le Président Hénault au Marquis de Voyer.

Paris, 7 janvier [1763].

Mon rhume est toujours le même, mon cher Marquis, et voilà le treizième jour que je ne sors point.

Vous aviez bien voulu donner un logement à un pauvre domestique et à sa femme qui étaient hors d'état de me servir. Le mari vient de mourir, et vous m'obligeriez beaucoup si vous vouliez bien accorder le même logement à sa veuve.

Voulez-vous que je vous mande des inutilités. Mme de Lassay vient de mourir, Mme de la Guiche a sa succession, bien moins considérable que l'on n'avait cru, par les immenses charités qu'elle a faites.

Le Roi a mieux aimé donner un brevet de duc à M. le Maréchal d'Estrées ([1]) que de rien accorder à la grandesse.

M. de Grimaldi ([2]) a donné un grand bal à son ordinaire, mais la saison a été si rigoureuse qu'il lui a manqué beaucoup de monde, surtout les grandes danseuses. Mmes de Villaumont, de Brionne etc... y ont paru avec éclat. On dit qu'il y en aura un toutes les semaines. Il paraît que ce sera le seul ministre étranger qui se mettra en frais.

Il y aura un bal à Versailles toutes les semaines,

1. Louis-César Le Tellier de Louvois, né en 1695, comte d'Estrées en 1739, maréchal de France en 1757, ministre d'Etat en 1758, mort en 1771.

2. Le marquis de Grimaldi, ambassadeur d'Espagne.

où assistera la famille Royale. L'invitation sera conçue en ces termes : M. le duc de Duras, 1er gentilhomme en année, avertit que le Roi donne un bal tel jour.

Dites, je vous prie, à M. le Comte que M. de Villaret qui continue l'abbé Velly ne lui céde en rien, s'il n'est au-dessus. J'attends des nouvelles de M. Dubois.

Je suis plus content de la santé de Mme de Séchelles ; elle ne se ménage guère, car elle sort pour aller à l'église, et cela est bien courageux.

M. et Mme de Bedford (¹) ont donné à souper à M.M. de Choiseul le jour du bal de M. de Grimaldi, et comme le jardin est contigu, on a ouvert le mur mitoyen, pour pouvoir entrer au bal par le jardin.

8 janvier.

Il n'y a rien de nouveau, pas même mon rhume, c'est toujours la même chose. Fournier n'en fait pas cas, il pourrait bien en faire autant de moi, car je n'existe plus. Adieu, mon cher Marquis, j'écris avec peine. M. le Comte voudra bien que cette lettre lui soit commune avec vous.

24 janvier.

J'apprends, mon cher Marquis, une chose qui me fait bien de la peine, c'est votre brouillerie avec M. le Duc d'Orléans (²). Il faudrait vous entendre,

1. Le duc de Bedford, ambassadeur d'Angleterre après le traité de Paris (10 février 1763).
2. Louis-Philippe, duc d'Orléans, né en 1725, mort en 1785.

car il prétend que vous avez tort avec lui : cela me paraît une suite de la tracasserie avec M. d'Argenson ; et puis pourquoi ménagerait-on des gens dans la disgrâce ? Cela ajoute encore à mon affliction. Je me vois séparé de M. votre père ; j'ai eu raison, il n'aurait tenu qu'à lui de me faire faire justice, et mon âme n'est pas rancunière. Mais on a ajouté de nouveaux torts aux premiers. Sûrement elle a cru ces lettres (?) et d'ailleurs je regarde cette personne comme la cause de tous nos malheurs (¹). Tout cela entre nous. Mon âme est ouverte, et je ne craindrais pas que l'on y voulut lire.

On croit la paix du Roi de Prusse bien avancée (²).

Adieu, mon cher Marquis, je vous embrasse mille fois.

Je compte aller samedi à Versailles, je verrai ce que je pourrai faire. Mais il y a bien haut au quatrième ciel, quand on est dans une vallée.

[1763].

Paris, 26 mai.

Votre lettre, mon cher Marquis, m'a fait un plaisir sensible, et je me hâte d'y répondre, en vous assurant que mes sentiments pour vous seront toujours les mêmes, et que rien ne peut diminuer l'intérêt véritable que j'ai toujours pris à tout ce qui vous regarde. Les événements prodigieux que nous avons éprouvés sont l'ouvrage des hommes,

1. Il est certain que le président Hénault veut désigner ici la comtesse d'Estrades.

2. Traité de Hubertsbourg (13 février 1763) qui mettait fin à la guerre de Sept ans.

mais heureusement ils n'ont pas de droit sur nos âmes, et il ne faut que la rectitude du cœur pour nous attacher plus que jamais l'un à l'autre. Je n'ai pas à me reprocher d'avoir manqué à la justice que je vous devais, et l'ai fait connaître avec hauteur et inflexibilité ; l'horreur des procédés m'a effrayé, je les ai partagés avec vous. Cela est incroyable. N'en parlons plus. Estimons la vertu et l'honneur, et aimons-nous (¹).

HÉNAULT.

[1764].

1. Le président Hénault donna bientôt une dernière preuve de son dévouement à la mémoire du comte d'Argenson. Rappelons ici l'épitaphe qu'il composa, et qui résume bien toute la vie du ministre, mort le 20 août 1764 : *Themidis alumnus, Musarum Amicus, Militiæ patronus, Regi optimo Operam diu sacravit, Amarem semper.*

LETTRES DU COMTE DE TRESSAN

M. de Tressan au Comte d'Argenson.

A Boulogne, ce 5 novembre 1746.

Monseigneur,

Le sieur Goold, qui aura l'honneur de vous présenter cette lettre, est un homme sûr, et qui a donné des preuves de sa fidélité et de son zèle pour la France en trois voyages qu'il a faits en Angleterre. C'est de lui que j'ai reçu les nouvelles et la liste des troupes anglaises que j'ai eu l'honneur de vous envoyer. J'ai celui d'être, avec tout l'attachement et le respect possibles, Monseigneur, votre très très humble et très obéissant serviteur.

DE TRESSAN (¹)

Monseigneur,

..... Si on sait et si on a su des nouvelles de France par Boulogne, il n'en faut accuser que les smon-

1. Louis-Elisabeth de la Vergne, comte de Tressan, né en 1705, lieutenant-général en 1748, conseiller intime du roi de Pologne (1750), commandant de la ville de Toul. Retiré plus tard à Franconville, il se distingua comme traducteur des romans de chevalerie. Membre de l'Académie française (1781) Mort en 1783.

gleurs (¹) eux-mêmes. La licence de ce commerce
et la liberté entière qu'on leur laisse, leur donne
trop beau jeu à l'espionnage, pour que quelqu'uns
d'entre eux n'en aient pas profité dans l'occasion.
Lorsque j'ai eu l'honneur de vous en écrire, vous
m'ordonnâtes de m'adresser à M. de Maurepas. Je
vous obéis et il ne perdit pas une si belle occasion
de me persifler dans sa réponse. Ce commerce est
protégé par des gens qu'il aime; il est tout simple
qu'il ait fait une belle réponse d'un homme qui
n'est point sous ses ordres et contre lequel il a de
vieux préjugés.

Je me suis tenu tranquille, d'autant plus que
tout ce qu'on peut mander aujourd'hui de Boulogne, n'est point dangereux. Cependant je tâcherai de découvrir les intrigues secrètes des
smongleurs et j'en ferai arrêter un et fouiller son
bâtiment et sa marchandise dès qu'il viendra ici.
Ce smongleur nommé Wanthsson m'ayant été
dénoncé par ses camarades, je ne le ferai arrêter
et fouiller qu'au moment où il se rembarquera.
Je commence à entendre un peu l'anglais, et j'ai
l'honneur de vous envoyer ci-joint un mémoire
que j'ai dressé d'après des conversations que
j'ai eues avec des smongleurs que je connais
pour honnêtes gens, et gens sages. J'ai cru que ce
mémoire pourrait peut-être vous servir dans l'occasion, et je voudrais bien n'en perdre pas une
de vous prouver mon tendre et inviolable atta-

1. Ou *smuggleurs*, bâtiments faisant de la contrebande. Tressan
était alors « commandant en Boulonnois et aux côtes de Picardie ».

chement et le profond respect avec lequel j'ai l'honneur d'être, Monseigneur, etc.

A Boulogne, ce 11 avril 1747.

Monseigneur,

Le Mouton (¹) a l'honneur de vous renouveler ses actes de reconnaissance , de respect et d'attachement ; son bonheur est attaché à celui de vous plaire et de vous paraître digne de servir toute sa vie sous votre protection.

J'ose dire, Monseigneur, que tout mouton que je suis, je viens de foudroyer une hydre et de lui porter enfin les derniers coups.

Le Roi de Pologne travaille depuis deux mois au projet d'un établissement littéraire à Nancy. d'y fonder une Bibliothèque publique, des prix, et des juges du mérite des ouvrages.

Le Roi a senti avec beaucoup de justesse et de prudence que s'il leur donnait le nom d'académiciens, il fallait que la dépense fut vraiment royale, il fallait que les académiciens fussent dignes de ce nom.

Il a consulté à Paris gens très éclairés et académiciens jusqu'aux dents ; leur avis a ressemblé parfaitement à ceux du médecin tant pis et du médecin tant mieux. Tandis qu'il flottait avec assez d'impatience dans l'incertitude, gens avides et hautains ont voulu s'attribuer tout l'honneur, tout l'empire de l'institution. Les moines ont commencé à gagner le dessus, j'ai vite fait un voyage

---

1. Surnom de Tressan dans le cercle de la Reine.

à la Malgrange, et je les ai fait expulser avec un *fratres nolumus vos*. Quelqu'un de plus adroit, et par conséquent de plus dangereux, a cru qu'il était temps de paraître, et a voulu soumettre l'institution non seulement à son pouvoir, mais à celui de tous les intendants à venir. J'ai écrit une lettre de huit pages au Roi qui avait absolument saisi cette idée ; je lui ai fait distinguer que le chancelier était bien en France à la tête de la librairie, mais nullement à la tête de la littérature. J'ai représenté que les académiciens de Paris ne reconnaissaient de supérieur et de maître que le ministre qui les protège et qui les a dans son département. Le Roi a d'abord un peu bataillé, m'a répondu, m'a ordonné de venir à Lunéville ; et alors, uniquement attaché à la gloire et à l'honneur de son institution, et aux progrès des sciences et des lettres dans ses Etats, j'ai renversé sans ressources les sophismes qui avaient séduit sa bonté, et j'ai obtenu l'édit d'institution sous la forme suivante :

12.000 francs cette année pour commencer à acheter des livres ;

3.000 francs de rente pour continuer la bibliothèque ou acheter des instruments ;

Quatre censeurs à 500 francs de gages pour juger du mérite des ouvrages des Lorrains qui concourront pour obtenir deux prix de 600 francs chacun, l'un pour un sujet de science, l'autre pour littérature ;

Un bibliothécaire qui a 700 d'appointements ;

Un sous-bibliothécaire à 300 ;

La bibliothèque placée dans la galerie du Palais ducal à Nancy. Les conférences à la bibliothèque.

Ah ! Monseigneur, cette académie-là était bien difficile à baptiser ; le *Mouton* en est venu à son honneur, il a cru vous plaire, il était animé par son attachement pour le Roi qu'il a cru prêt à tout sacrifier à la vanité d'un seul homme. Trop heureux, Monseigneur, si vous daignez l'approuver. J'ai peur de n'en être pas mieux avec le Chancelier, mais j'ai fait mon devoir, et suis né, et de rang à le faire avec force et noblesse quand il est question de faire sentir à un souverain qui me fait l'honneur de me consulter tout le prestige des mauvais projets qu'on lui suggère. Le Mouton aura l'honneur de vous rendre compte de tout ce qui se passera à ce sujet. Il se met à vos pieds, Monseigneur, et a l'honneur d'être, avec le plus tendre attachement et le plus profond respect, Monseigneur, votre très humble et très obéissant serviteur.

DE TRESSAN.

A Lunéville, ce 26 décembre 1750.

Je retourne à Toul, Monseigneur. *Veni, Vidi, Vici.* J'ose vous supplier de me faire passer vos ordres par le fidèle fauteuil, et de lui dire que voilà tout ce que j'ai pu obtenir pour le moment présent. Mais je suis sûr que le Roi prendra goût à cet établissement, et avant trois ans nous aurons une académie en forme.

Monseigneur,

J'ai eu l'honneur de vous rendre compte de tout ce qui s'est passé au sujet de l'établissement littéraire que le roi de Pologne fait dans ce moment. L'édit a dû être signé hier, et le Chancelier (¹) en est outré, ayant eu absolument tout le dégoût de cette affaire, et ayant essuyé une scène de la part du Roi la plus vive qui se soit jamais passée. Le Roi étant persuadé par mes lettres que le Chancelier sacrifiait tout à sa vanité, par la forme de l'édit qu'il lui avait suggéré, lui ordonna d'en dresser un autre absolument tout opposé. Le Chancelier furieux de voir ses projets échoués, et que l'établissement était soustrait à sa juridiction, s'opposa ouvertement à l'avis du Roi et eut l'imprudence d'heurter de front, et de dire qu'il ne prêterait pas son ministère à cet édit : jamais le Roi n'est entré dans une pareille colère, il se servit des expressions les plus vives, lui dit qu'il lui ferait ôter les sceaux et le ferait envoyer à 200 lieues ; l'autre se mit à ses genoux et se retira.

A peine était-il sorti que le Roi envoya chercher M. le duc Ossolinsky (¹) duquel je tiens tous ces détails. Le duc le trouva dans une agitation affreuse et étouffant et tremblant de colère. Le Roi écrivit au Chancelier que la nuit devait porter conseil, qu'il songeait qu'il voulait être obéi, et qu'il l'attendait le lendemain matin avec l'édit tel qu'il le voulait. Le Chancelier obéit à la lettre, mais son crédit et son ton sont fort baissés de cette affaire. Le Roi a essayé ses forces, et n'en

1. Antoine-Martin Chaumont de la Galaizière, né en 1697, nommé en 1737 chancelier des duchés de Lorraine et de Bar cédés au roi Stanislas. Mort en 1787.

2. Grand-maître de la Maison du roi Stanislas, marié à Catherine Jablonowska, sœur de la princesse de Talmont. Mort en 1756.

demeurera pas là. Tant mieux pour ce prince et
pour ceux qui lui sont véritablement attachés ;
cet homme-là est méchant pour le seul plaisir de
l'être, même quand il n'y est pas porté par ses
intérêts.

Je frémis de toutes les horreurs qu'il m'a faites
dans le temps où il s'efforçait de me persuader
qu'il était mon meilleur ami. Il nous a regardés,
M. de Torcy et moi, comme des gens à vous, et il
a eu raison, et dès ce moment-là il nous a regardés
comme gens qui verraient clair, qui vous ren-
draient compte, et par conséquent comme ses
ennemis. Il a poussé la noirceur jusqu'à vouloir
nous inspirer une défiance réciproque, et nous
brouiller ensemble, par ses fausses confidences, et
dans le temps que M. de Torcy le connaissait
moins, il lui persuada que je voulais avoir sa place
à Nancy, et que j'en ferais solliciter le Roi par
les femmes de la Cour. M. de Torcy eut la faiblesse de le croire d'abord ; lui-même m'a avoué
que dans le premier moment il eut l'honneur de
vous écrire, et m'a montré comme quoi, Monseigneur, vous aviez la bonté de rendre justice à ma
probité en l'assurant que par mille espèces de
voies je n'avais jamais tenté de faire une dé-
marche aussi basse et aussi déplacée. J'ai su, de
plus, qu'il a fait tout au monde pour inspirer de
la jalousie au Roi sur mon compte ; il a m'accusé
d'avoir écrit une lettre anonyme à Mme de Bassompierre (¹) dont il est amoureux, tandis qu'il
avait preuve en main que la lettre venait de son

---

1. Charlotte de Beauvau, mariée le 21 décembre 1734 à Léopold-
Clément de Bassompierre, chambellan du roi Stanislas.

imbécile de mari. Enfin, Monseigneur, je ne puis vous exprimer à quel point, M. de Torcy et moi, et tous les honnêtes gens, sommes révoltés contre cet homme qui joint sans cesse la calomnie à l'injustice.

Il m'avait dit en arrivant ici qu'il serait mon meilleur ami, que quand j'aurais un commandement en Lorraine, qu'il me ferait donner des logements dans huit petites villes qui y sont comprises. Je ne me plains point de ce qu'il m'a manqué de parole, mais je me plains vivement, Monseigneur, de ce qu'il a eu la noirceur de vouloir me brouiller avec mon camarade que j'aime et j'estime, avec un homme enfin qui vous est attaché comme moi par la reconnaissance et par le cœur. Je suis trop heureux d'avoir trouvé cette occasion de lui faire donner un dégoût marqué ; j'ai fait le bien de l'établissement, j'ai travaillé à la gloire du roi de Pologne qui allait prendre un parti odieux à toute la province, et j'ai subjugué un peu l'orgueil constant du plus méchant de tous les hommes.

J'espère, Monseigneur, que vous approuverez ma conduite et même mon ressentiment ; il n'en paraîtra rien dans le public, mais je dois vous prévenir contre les noirceurs d'un homme qui n'a rien de sacré et qui peut m'en faire à chaque instant. Il nous regardera, M. de Torcy et moi, comme gens suspects, et aussi comme gens qui peuvent obtenir les grâces qu'il espère envahir pour MM. de Mareuil et de Riveray, ses frères ; cela lui tourne la tête, et il n'y a point de si lâche moyen qu'il n'emploie pour nous nuire.

Je vous demande mille pardons, Monseigneur, de ces longs détails, vous allez dire que le Mouton est enragé. Oui, en vérité, je le suis, contre quelqu'un qui est capable de vouloir me brouiller avec mes amis, et faire soupçonner une candeur dont je ne me suis jamais départi.

Je me mets à vos pieds. Soyez sûr de ma conduite, elle sera toujours guidée par ma soumission et mon tendre attachement pour votre personne.

J'ai l'honneur d'être, avec un profond respect, Monseigneur, votre très humble et très obéissant serviteur.

De Tressan.

A Toul, ce 27 décembre 1750.

Monseigneur,

La séance publique de la Société littéraire que le roi de Pologne vient de fonder à Nancy, s'est tenue le 3 avec tout l'éclat possible. Une messe du Saint-Esprit et une espèce de sermon panégéristique ont commencé l'ouverture. L'après-midi, nous avons été au palais ducal où tous les corps étaient assemblés ; et là, montés sur une espèce de théâtre qui ressemblait à la tribune aux harangues ou au théâtre préparé pour les parades, nous avons harangué magnifiquement pendant deux heures. Le chevalier de Solignac (¹) a commencé, M. Thibaut, lieutenant-général de

1. Pierre-Joseph de la Pimpie (1686-1773), secrétaire du roi Stanislas.

Nancy, lui a répondu. Le Mouton s'est levé ensuite, et vêtu de son uniforme, et faisant des ré-
vérences très gracieuses à toute l'assemblée, il a
débuté par dire combien il lui était honorable
d'acquérir le droit de citoyen. De là, quittant
promptement toutes les vieilles fleurs dont ses
confrères avaient assommé leurs discours, il s'est
jeté dans les découvertes du siècle et a coura-
geusement persiflé son auditoire pendant près de
trois quarts d'heure. On l'a cependant beaucoup
applaudi, mais il ne l'attribue qu'à quelques
endroits de la fin de son discours qui ont très
bien réussi. Je comptais, Monseigneur, avoir
l'honneur de vous envoyer sur-le-champ mon
cahier, mais le roi de Pologne me l'a arraché et a
voulu qu'il fût donné sur-le-champ à l'impri-
meur ; j'en suis outré de toutes façons, car ce
discours fait à la hâte, quoique exact sur les
faits, est incorrect pour le style. C'est en tram-
blant, Monseigneur, que j'ose vous envoyer cet
échantillon qui termine les louanges du Roi :

« Ce prince, digne petit-fils de Philippe-Auguste,
« fait revivre les plus anciens privilèges d'une
« nation guerrière, et les enfants de ceux qui
« combattirent à Fontenoy vont jouir des mêmes
« honneurs que les enfants de ceux qui s'illus-
« trèrent à Bouvines.

« Ces mêmes enfants, élevés sous les yeux de
« leur souverain, sont comblés presque en nais-
« sant de ses bienfaits.

« Ils vont nous rappeler l'éducation que rece-
« vait la jeunesse de Lacédémone, exercée aux
« armes et à la discipline militaire et civique.

« L'amour de la patrie l'emportait sur toute
« autre affection particulière et ne formait qu'une
« seule famille de tous ceux qui devaient servir
« la République.

« Heureux le ministre qui reçoit les ordres de
« son maître pour publier de pareils décrets, et
« qui voit renaître pour les anciens militaires
« qu'il protège, la source pure de la haute
« noblesse qu'il a reçue de ses ancêtres ! Telles
« sont les récompenses dont un grand Roi sait
« honorer le ministère et les services d'un homme
« d'Etat qui connaît le génie de la nation
« et qui n'est occupé que d'en élever les senti-
« ments, et de les rendre utiles à la gloire de
« son maître. »

Je ne peux vous exprimer, Monseigneur, combien cet endroit de mon discours a réussi, tout
faible qu'il est et au-dessous de ce que je sens
moi-même. On avait reçu le dernier édit du Roi
de la veille, mais les esprits n'ont pas besoin d'être
préparés à entendre célébrer les bienfaits que
vous inspirez au Roi de répandre sur la nation.
Au reste, Monseigneur, le préambule de cet édit
a tiré des larmes d'attendrissement, et c'est un
des plus beaux morceaux que nous ayions dans
notre langue. Jamais l'éloquence et le sentiment
réunis n'ont fait sentir tout leur pouvoir avec
plus de simplicité et d'élévation.

M. l'évêque de Troyes (¹) termina la séance par
un discours sur le goût, et me rappela certains
vers :

1. Mathias Poncet de la Rivière (depuis 1742). Né en 1707,
mort en 1780.

....., je viens
Au dieu du goût dire avec goût deux mots.

Vous le lirez, Monseigneur, aussi je dois vous ménager tout le plaisir d'entendre dire aussi joliment des choses très nouvelles, comme d'avoir de la *singularité* sans *affectation* et de la *sagesse* sans *indiscrétion*. Il faut avouer que les lumières de l'Eglise sont bien supérieures aux nôtres, car je suis persuadé que M. de Troyes a vu d'aussi jolies choses dans ce que je viens de rapporter que dans le fameux *quoiqu'on die*.

Le Mouton se met à vos pieds, Monseigneur, il aura l'honneur de vous envoyer incessamment les quatre discours à la fois.

J'ai l'honneur d'être, avec le plus tendre attachement et un profond respect, Monseigneur, votre très humble et très obéissant serviteur.

DE TRESSAN.

A Toul, ce 5 février 1751.

Monseigneur,

Le Mouton vous supplie, comme le chef et le protecteur de l'Académie des Sciences, de juger souverainement de la validité de la dissertation suivante. La physique expérimentale m'a appris à n'établir nulle proposition que sur des faits et Monseigneur connaît la vérité de ceux-ci.

Lorsque M. le duc d'Orléans prêta 30.000 au Mouton pour l'arrangement de ses affaires, ce fut M. le comte d'Argenson qui en obtint l'ordre. Lorsque le Roi dit des choses obligeantes au Mouton pendant le siège d'Ypres, M. le comte

d'Argenson les avait dictées et suggérées. Lorsque
le Mouton, après la bataille de Fontenoy, témoi-
gna sa douleur de languir toujours dans les honneurs obscurs d'une assez triste légion, M. le
comte d'Argenson lui promit et le fit employer
en ligne dans une autre armée.

Lorsque M. le maréchal de Noailles avec tant
de charité me coupait dévotement la gorge auprès
du Roi, M. le comte d'Argenson me fit obtenir
ma pension de retraite, et d'être toujours employé.

Lorsque le Mouton était en l'air à Boulogne
sans autre service que d'essuyer les oraisons et
les propos du généreux cardinal d'York (¹), M. le
comte lui donna des lettres de commandement
pour le Boulonais et la Picardie.

Lorsque le pauvre Mouton était obligé de
quitter Boulogne et d'aller brusquer fortune à
l'aventure pour fuir la malice des noirs enchan-
teurs que le vulgaire appelle créanciers, M. le
comte d'Argenson le couvrit de son égide, et le
transporta dans un beau climat où il commande
à presqu'autant de provinces que le diable en
offrit sur le faîte du temple à celui dont M.....
avait écrit l'histoire.

Monseigneur aura la bonté de juger si les faits
suivants ne peuvent pas balancer les premiers.

Lorsque la grande milady Ogilvy (²) partit

1. Henri-Benoît Stuart, petit-fils de Jacques II, né en 1725,
mort en 1807.

2. Les *Mémoires du duc de Luynes* signalent toutes les preuves
d'attachement données par elle à la cause du prince Charles-
Edouard.

pour solliciter la conservation du régiment de son mari, j'avertis M. le comte qu'elle ressemblait à la princesse « *Ne vous y fiez pas* », et ne mis point sur l'état des dépenses extraordinaires de la défense de la côte ce qu'il m'en avait coûté pour m'en assurer.

Lorsque des lieutenants du Roi, gens tenant de l'ours, m'excédaient ou par malice ou par imbécillité ; lorsqu'un intendant bel esprit, mais assez ressemblant à l'original de la comédie, donnait beaucoup à Mézières et me refusait tout, jamais M. le comte d'Argenson n'a reçu une lettre de plainte, jamais un instant d'humeur n'a marqué mon mécontentement dans le public, *malgré la force de l'exemple.*

Lorsque 6.000 garde-côtes servaient mal, sous le prétexte que le Roi ne leur donnait pas un sol, le Mouton leur faisait des harangues dignes d'être écrites par Tacite et les conduisait aux postes lui-même.

Lorsque le Mouton est parti de Versailles, n'a-t-il pas donné son portrait à M. le comte d'Argenson pour orner son oratoire ?

En conséquence des rapports précédents, j'ose établir cette proposition : plusieurs traits de ressemblance me donnent quelques droits à l'héritage du maréchal de Saxe ; il était brave, je ne suis pas poltron ; il aimait les filles, je les aime aussi ; il avait l'esprit très systématique, j'ai osé démontrer la cause de l'électricité. Il est vrai que nous différions sur un point, je n'ai jamais respecté et aimé personne plus que M. le comte d'Argenson, et je donnerais mon sang pour lui.

Si Monseigneur trouvait quelque raison dans la proposition que je viens d'établir, M. de Regemorte (¹) ou M. Camus (²) au moyen du calcul différentiel pourrait prendre les 2 ou 300 millièmes de la fortune immense du maréchal de Saxe, et cela ferait vivre bien doucement un pauvre Mouton de bien, qui chanterait encore quelques cantiques, et qui ne fait plus aujourd'hui que des lais plaintifs. Il se met à vos pieds, Monseigneur ; le malheureux n'a d'autres ressources pour se tirer d'affaire que de vendre ses chevaux et faire ses tournées à la suite du provincial des Capucins ; ma bourse égale à la leur me donne des droits encore aux bienfaits de leur père spirituel. Ah ! Monseigneur, mes chevaux me tiennent bien à cœur. S'il faut que je les vende je perds ici ma meilleure société, les gens de Toul me font penser pour eux comme Gulliver pour les *houim houim* ; aidez-moi, je vous en conjure, à ne m'en pas séparer.

J'ai encore la ressource de vendre deux ou trois charretées de fossiles ; il faudrait me les faire acheter par quelques dévotes car, en vérité, ils sont pernicieux et me forcent à en tirer d'étranges conclusions, dont je ne ferais jamais un aussi beau psaume que *Cœli et terra....* Mon Dieu, Monseigneur, Mme de Villars n'est-elle pas là ? Je me tais et vous supplie de vous souvenir seulement que j'existe, que je souffre, et que vous n'avez point de serviteur depuis du Parquet qui soit plus

1. Louis de Règemortes, ingénieur, né en 1715, directeur des canaux d'Orléans et du Loing, mort en 1776.
2. Mathématicien et astronome (1699-1768).

pénétré pour vous d'un amour sans bornes et d'un plus profond respect que le Mouton.

Monseigneur,

Je compte trop sur vos bontés pour être inquiet du compte que je vais avoir l'honneur de vous rendre, et je vous dois trop de reconnaissance, de respect et de sentiments, pour hésiter à le faire.

Le roi de Pologne vient de me communiquer un ouvrage qu'il a fait intituler : *Le remède pire que le mal.* Il discute dans cet ouvrage la conduite de la Cour, du Clergé et du Parlement ; il paraît insinuer que tous n'ont pas fait tout leur devoir, ce qu'ils auraient dû faire (1). Il conclut affirmativement par dire que l'autorité du Roi est compromise de la manière la plus dangereuse pour les suites, en cas qu'il ne suive pas avec vigueur les mêmes principes qui lui ont fait exiler le Parlement. Le roi de Pologne est très vif pour ses sentiments et pour son nouvel ouvrage. Il m'a dit ce matin qu'il en avait donné une copie au Père de Menoux et une autre au chevalier de Solignac son secrétaire, pour en corriger le style et y joindre leurs propres réflexions. Il m'a ajouté que dès qu'ils lui rapporteraient leur travail, il s'enfermerait avec moi et que nous jugerions ensemble lequel des deux mémoires serait en état d'être envoyé.

1. Le roi Stanislas avait publié plusieurs ouvrages philosophiques et moraux. *L'Incrédulité combattue par le simple bon sens* parut en 1760. Ses œuvres complètes (4 vol.) portaient comme titre : *Œuvres du philosophe bienfaisant,* sans nom d'auteur (1763).

Le projet très ferme du roi de Pologne est d'adresser ce mémoire au Roi son gendre et de le lui envoyer à cachet volant, par la Reine à laquelle il l'adressera : Sa Majesté polonaise m'a paru si déterminée à faire cet envoi, que je lui ai représenté qu'il mettrait peut-être la Reine dans l'embarras, et qu'il serait bon qu'il laissât la liberté à la Reine de consulter quelqu'un de ceux qu'elle honore de son amitié et de sa confiance. Le roi de Pologne en est convenu et sur-le-champ je lui ai dit que vous, Monseigneur, et M. le président Hénault étiez ceux que la Reine consulterait avec le plus de confiance. Il m'a dit avec transport que j'avais raison, et il est convenu de mander à la Reine de vous lire ce mémoire et de vous consulter. Ainsi vous serez le maître de faire des représentations ou d'acquiescer définitivement au projet de faire parvenir cet écrit au roi. Je compte que ce mémoire partira par la poste de vendredi prochain, j'aurai l'honneur de vous le mander positivement ce jour-là.

L'ouvrage du Roi est plein de feu et de force, je ne sais ce qu'il deviendra entre les mains de ceux auxquels il l'a confié, et je tâcherai de choisir le meilleur. Il y a longtemps que j'ai demandé au Roi de P. de ne jamais retoucher aucun de ses ouvrages, ne m'en sentant pas la capacité ; mais dans cette occasion je dois le servir fidèlement en examinant à toute vigueur ce qu'on voudra ajouter à ses premières idées, et surtout, Monseigneur, en lui donnant l'utile conseil de vous le communiquer.

Monseigneur,

L'écrit que Sa Majesté polonaise doit envoyer à la Reine pour vous le communiquer, et pour qu'elle le donne ensuite au Roi, ne partira point aujourd'hui. La copie ne peut être mise au net, et cet écrit ne partira que samedi. *Le roi de Pologne s'est absolument décidé à prier la Reine de vous le communiquer auparavant.*

Quoique j'entende peu ces sortes de matières, j'ai jugé que ce que M. de Solignac a écrit en suivant le travail du roi de Pologne était préférable à ce qu'a écrit le Père de Menoux. Ce dernier appuyait trop fortement sur la force du billet de confession, et citait une quantité de conciles synodaux et d'actes d'assemblées ecclésiastiques qui faisaient perdre à cet ouvrage le caractère philosophique qui me paraît beaucoup plus convenable que des citations qui ont l'air d'être rassemblées par une assemblée de théologiens.

Le roi de Pologne a seulement adopté une idée de feu votre illustre père (¹), qui était de séparer la juridiction de Paris en quatre parlements. Je n'ai qu'un instant, Monseigneur, pour vous rendre ce compte, la poste va partir.

Je ne quitterai pas Lunéville, et au moment

1. Marc-René de Voyer de Paulmy, marquis d'Argenson, né à Venise pendant l'ambassade du comte d'Argenson, son père, en 1652, président du Conseil des finances, garde des Sceaux de France (1718), membre de l'Académie française, mort le 8 mai 1721.

que cet ouvrage partira j'aurai l'honneur de vous
en rendre compte.

Le Mouton se met à vos genoux.

A la Malgrange, ce jeudi.

Monseigneur,

L'écrit du roi de Pologne est au net et partira
par ce même courrier.

J'aurais désiré que l'épigraphe : *Le remède est
pire que le mal,* eût été retranchée, parce que le
commencement (où les billets de confession sont
regardés comme inutiles) est trop amphibologique.
Rien de si fort que ce qui suit contre le Parlement ; toutes les raisons sont tirées de la constitu-
tion monarchique du royaume et de la saine raison. La conclusion de tout l'ouvrage est de ne
rien faire qui puisse intéresser l'autorité royale,
et entretenir les prétentions du Parlement sur
son prétendu pouvoir intermédiaire.

Dans toutes ces querelles on n'a point encore
nommé le nom d'Edmond Richer ([1]) ni du docteur Petit ([2]) ; le Parlement se gouverne cependant selon leurs principes, et l'ouvrage du roi de
Pologne en est une solide réfutation, quoiqu'il
ignorât le fond des maximes de Richer que par

1. Syndic de l'Université de Paris, docteur en théologie et dé-
fenseur des libertés de l'Eglise gallicane (1560-1631). Le roi de
Pologne avait pour but de réfuter son ouvrage : *De ecclesiastica et
politica potestate,* paru en 1611.

2. Docteur en théologie, mort en 1411. Son *Plaidoyer,* apologie
de l'assassinat du duc d'Orléans par Jean sans Peur, fut condamné
par le Parlement (1416).

hasard je me suis trouvé en état de lui expliquer.

Le roi de Pologne propose de séparer la juridiction du Parlement, et d'en établir quatre nouveaux, à Lyon, Poitiers, La Rochelle et Tours ou Limoges, de se servir de l'argent provenant des nouvelles charges établies pour rembourser un certain nombre de membres du Parlement qu'on cassera et pour éteindre à mesure un certain nombre d'officiers qu'on voudra supprimer. Le roi de Pologne envoie cet écrit à cachet volant à la Reine, et lui mande de le consulter avec vous avant de le donner au Roi.

Je retourne cette nuit à Toul, où le roi de Pologne passera lundi, et mercredi 20 je pars pour voir deux ou trois quartiers de cavalerie, et faire ma cour à Mme la comtesse et à Mme la marquise de Voyer à Plombières.

Je serai de retour le 25 à Toul, où je supplie Monseigneur de me faire passer ses ordres s'il en a à me donner.

Je prends la liberté, Monseigneur, de vous rendre compte et de vous prévenir d'une petite tracasserie de famille que j'essuie très injustement.

J'ignore par quelle raison M. de Puisieux, dont je suis parent et dont j'ai toujours été serviteur et ami, peut me soupçonner d'être capable de donner de mauvais conseils au jeune comte de Genlis ([1]) ; cet enfant qui m'est fort cher et qui m'est ce que M. de Duras est à M. de Richelieu, a joué et dépensé beaucoup d'argent à Nancy, et

1. Claude-Charles Brulart, né le 25 mars 1733, colonel dans les grenadiers de France en 1752.

s'est bien caché de moi pendant deux mois que j'ai été sans le voir. Lorsqu'il s'est vu dans l'embarras, il est venu se jeter entre mes bras et me demander conseil. J'ai cru rendre service à M. de Puisieux de faire intervenir le roi de Pologne, croyant lui fournir un prétexte honorable de pardonner à son neveu quelques fautes où il n'a rien fait qui puisse intéresser l'honneur.

Sur cela M. de Puisieux s'est imaginé que j'avais voulu lui forcer la main, et m'ingérer à gouverner l'esprit du petit Genlis auquel il a écrit beaucoup de plaintes et de choses dures contre moi. M. de Puisieux a assurément grand tort, j'aime trop cet enfant pour lui donner des conseils qui ne soient pas pesés au poids de l'honneur et de la raison. Comme il pourrait peut-être vous en dire quelque chose, j'ai l'honneur de vous en prévenir. Au reste, comme cet enfant dépend de M. de Puisieux, j'ai été le premier à lui dire de lui obéir en tout ; nous ne nous en aimerons pas moins, mais nous sommes convenus de ne plus nous voir, jusqu'à ce que M. de Puisieux soit revenu d'une prévention aussi injuste. Ce qui me pique le plus, c'est qu'il en a fait confidence à M. de Saint-Pern, et je suis très étonné que ce dernier, qui m'a toujours honoré de son amitié, n'ait pas pris mon parti contre ce que l'humeur de M. de Puisieux lui a inspiré contre moi, humeur que j'appellerais pédantisme si j'osais.

Le Mouton vous supplie de brûler sa lettre et se met à vos pieds, pénétré de reconnaissance, d'attachement et de respect.

A Toul, ce samedi 16 à 10 heures du soir.

Je rouvre ma lettre, Monseigneur, pour avoir l'honneur de vous rendre compte que l'ouvrage du roi de Pologne partira sûrement par ce courrier. Je n'ai quitté ce soir le Roi que lorsque j'ai été sûr de mon fait ; il doit vous écrire de sa main, et je crois même qu'il vous adressera son ouvrage en vous priant de le communiquer à la Reine, et de le supprimer, si vous croyez le devoir faire.

Je n'ai pas besoin de vous dire que j'ai bataillé pendant quatre jours contre de certaines gens qui voulaient tirer sur le temps, et substituer leurs propres opinions aux sentiments du Roi. J'ai fait faire plusieurs changements, mais j'ai refusé net de rien écrire de ma main ; je crois avoir tout fait en conseillant au Roi de vous remettre cet ouvrage entre les mains. Je n'ai pas besoin de vous supplier de garder un profond secret sur toute cette affaire, qui ne doit être connue que de la Reine et de vous. Cependant je suis persuadé que le roi de Pologne serait bien aise que M. le président Hénault en eût connaissance ; mais quoique je connaisse son attachement pour vous, je n'ai point insisté pour que le Roi vous le nommât, afin de vous laisser une entière liberté.

Monseigneur,

Le Mouton est quelquefois raisonnable, il vous supplie de l'écouter avec une confiance entière dans l'exacte vérité de tout ce qu'il va dire.

16

Lorsque le roi de Pologne me parla, il y a quatre ou cinq mois du projet d'une place, je lui demandai quel était le dessin qu'il avait choisi, et par tous les détails, je jugeai que la place coûterait beaucoup, serait cependant mesquine et qu'une petite statue pédestre du Roi serait un monument très peu digne de ce grand monarque. Je me servis auprès du roi de Pologne des raisons d'une dépense qui allait lui ôter toute la douceur de sa vie pour le dissuader d'un projet que je voyais totalement manqué dans son exécution, et j'écrivis cette dernière raison à Mme de Villars pour qu'elle engageât la Reine à dissuader aussi le Roi son père. Je désirerais, Monseigneur, que ma tête servît de base à un monument qui contribuerait à la gloire de mon maître, mais celui-ci serait digne tout au plus d'un simple duc de Lorraine et exposé aux mauvais propos des Allemands.

L'affaire est devenue encore bien plus sérieuse par un nouveau projet qu'on a présenté au roi de Pologne et que ce prince a accepté avec toute la vivacité qu'il porte dans les entreprises de ses bâtiments.

Le roi de Pologne veut aujourd'hui bâtir sa place sur l'esplanade entre les deux villes et faire sauter tout un côté des remparts, c'est-à-dire la courtine et les deux bastions. J'ai gardé le silence tant que le prince ne m'en a point parlé, mais m'ayant appelé aujourd'hui dans son cabinet, et m'ayant parlé avec une vivacité extraordinaire sur cette affaire, j'ai cru devoir lui représenter avec tout le respect possible, mais avec fermeté, combien ce projet était nuisible à son service et à celui du Roi son gendre. Mes raisons que j'appuyais solidement l'ont ému sans le convaincre ; je me suis tu par respect, mais je ne dois pas perdre un instant à vous en rendre compte, et je manquerais de fidélité à mon maître et à vous, Monseigneur, si je n'avais l'honneur de vous représenter avec force de quelle conséquence il est de s'opposer au renversement de cette partie de fortification. Je n'imagine point que nos frontières puissent être forcées et traversées, les armes du Roi les rendent trop respectables, et vous veillez d'une façon trop supérieure à les rendre belles ; c'est cependant les raisons que vous pouvez apporter de votre refus, et qu'en effet, la vieille ville de Nancy est le seul asile pour la Lorraine qui puisse résister à un coup de main et à l'effort d'un détachement de quatre à cinq mille hommes.

La véritable raison, Monseigneur, c'est de conserver une place fortifiée au milieu d'un peuple dont le cœur est toujours lorrain, c'est d'y conserver un lieu pour les troupes du Roi qui y tiennent garnison, et qui s'y tenant rassemblées seront toujours les plus fortes ; c'est d'avoir des bastions et des remparts qui dominent sur la ville neuve et qui la tiennent en respect. Nancy, Monseigneur, méritera sans doute par son attachement la confiance du maître auquel elle doit obéir, mais il faut s'assurer de sa fidélité, et ne lui pas laisser la plus légère idée de pouvoir commettre un crime qui entraînerait sa destruction. C'est la servir que de s'en assurer ; si les fortifications n'existaient pas, il faudrait sans doute les élever ; heureusement elles existent, et il serait trop dangereux de les détruire.

Je me mets à vos pieds, Monseigneur, comme le paysan du Danube, vous mériteriez bien que tous ceux qui osent vous parler en eussent l'éloquence.

Pardonnez au fidèle Mouton, et ses petites terreurs, et l'excès de son zèle, mais en vérité je ne les crois point superflus. Au reste, Monseigneur, ma fermeté vis-à-vis du Roi ne m'a point fait de tracasserie, et il aime en moi un homme destiné demain à haranguer et à faire valoir la Société de Nancy. Je voudrais auparavant de faire écrire les Lorrains commencer par leur donner des oreilles intelligentes, et du moins leur faire un peu lire la grammaire. Le pauvre Mouton n'a pas besoin de vous supplier de brûler sa lettre, son sauveur ne lui fera pas assurément des tracasseries. Le roi de Pologne, tourmente, excède M. de Baviliers, ingénieur en chef, et le pauvre Beauchamp. On a fait une tracasserie à ce dernier, qui a très bien répondu au Roi en lui disant qu'il était fait pour lui obéir, et que s'il lui donnait un ordre par écrit pour abattre les bastions, qu'il donnerait le premier coup de pic, mais qu'il ne pouvait s'empêcher de lui représenter que le Roi son gendre le verrait avec peine. En un mot, Monseigneur, tout bon serviteur du Roi qui connaîtra le pays comme je le connais doit se jeter à vos genoux pour vous supplier de tenir ferme et de conserver un chef-lieu aux troupes du Roi qui soit respectable au reste de la ville.

Le Mouton a appris par M. le marquis de

Voyer, la grâce qu'il tient du Roi et d'un père qu'il adore. Le Roi a accompagné cette grâce de marques de bonté infinies, et il m'en paraît pénétré. Rien ne peut augmenter mon bonheur, que de voir mon protecteur et l'ami le plus estimable, honorés et aimés d'un maître qui ne peut trop faire pour eux.

TRESSAN.

Je retourne demain à Toul où j'envoie mettre cette lettre à la poste ; je ne suis sûr que du lieu où je suis le maître.

Je cherche à pénétrer qui peut avoir proposé au Roi un projet aussi captieux, aussi dangereux. Si c'est un militaire, je ne vous le manderai pas, Monseigneur, mais je l'en punirai. Si c'est un Lorrain, et un homme d'un autre état, il mérite de l'être sous un autre prétexte ; mais, en vérité, le Roi est entouré de tant de gens dénués de toute espèce de mérite que ce pourrait bien n'être qu'un imbécile. J'ai le cœur percé de voir un prince doué de qualités supérieures et plein des meilleures intentions, livré aux instigations de gens avides, et qui troublent toutes les opérations utiles que son cœur lui dicte.

M. de Tressan au marquis de Voyer.

A Lunéville, ce 3 janvier 1752.

Je ne peux vous exprimer, mon cher maître, à quel point je suis saisi de votre lettre, je n'ai de ma vie rien éprouvé de si accablant. S'il vous

reste quelque pitié et amitié pour un homme
dont vous êtes sûr et qui vous adore, écoutez-moi!
J'éprouve dans ce moment tout ce que je craignais de plus cruel pour moi, je vois par votre
lettre que vous connaissez mon état, et que c'est
M. votre père qui vous l'a appris. Je me vois tel
que je suis, déshonoré aux yeux des deux personnes auxquelles je connais le plus de courage
et d'élévation dans l'esprit et dans le cœur. Je
pourrais me défendre encore, vis-à-vis de gens
que j'estimerais moins, mais auprès de vous je
ne peux qu'implorer la pitié et les droits de l'amitié ; je le sens trop vivement, mon cher maître,
pour ne pas commencer par en convenir. Je dois
cependant vous dire ce qui m'a conduit dans
l'abîme où je me suis noyé, mais je vous le dis
bien moins pour m'excuser auprès de vous, que
pour vous donner quelques armes pour me défendre quand il en sera temps. Ce temps d'ailleurs
est encore éloigné, car mon intention est de tenir
secrète la sottise affreuse que j'ai faite et que j'ai
cachée depuis plus de six ans. Je commence par
vous jurer de ne pallier en rien les faits, et voici
ma malheureuse histoire.

Lorsque je fus nommé pour passer en Angleterre avec M. de Richelieu, j'avais déjà deux garçons, et celle à qui je n'ose plus donner un nom
était grosse du troisième. Elle me suivit à Boulogne ; je fus attendri de l'état où je la laissais,
je fus pénétré de voir deux misérables enfants
que je pouvais laisser sans pain, sans nom, sans
espérance. Je n'avais nul moyen de les tirer de
cet état affreux qu'en épousant leur mère. J'ai

une terre substituée au pays du Maine qui, du
moins, leur donnait du pain et un asile. Persuadé
du passage, et du péril qu'il y avait à l'entreprendre, et bien résolu de mourir ou de me faire
un nom, chargé de commander l'avant-garde, et
ému par le spectacle, les pleurs et la tendresse
que je me sentais pour mes enfants, j'allai trouver
l'évêque de Boulogne et lui fis confidence de
mon état présent et de tout ce qui déchirait mon
cœur. L'évêque très dévot et très zélé pensa plus
en prêtre qu'en homme de condition. Il profita
de l'état de trouble où j'étais, il le redoubla encore et m'amena au point de me marier dans sa
chapelle en présence de ses grands-vicaires. Depuis ce moment que je regarde comme le premier
de la vie la plus malheureuse, je n'ai pas eu un
instant que je n'aie eu mon état devant les yeux.
Il y a six ans que je souffre et que je ne pense pas
sans frémir à la sottise que j'ai faite, et je vous
avoue que j'ai été tenté dix fois de finir mes
peines avec ma vie. Cependant je ne peux dire
que j'ai en rien à me plaindre de celle qui fait
mon malheur. Lorsque je la pris, ce fut dans la
maison de son père ; elle avait dix-huit ans alors
et une réputation intacte. Depuis que je la connais, elle m'a donné sans cesse des marques de la
vertu la plus pure, de la plus vive tendresse, et de
l'obéissance. Jamais elle ne m'a parlé de déclarer
son état, elle le cache avec autant de soin que
moi, et est allée au-devant de tout ce qui pouvait contribuer à en ôter le soupçon. Aucun de
mes domestiques n'est dans ma confidence, et
elle s'est soumise à ne passer que pour ma maî-

tresse, quoique mère de quatre garçons que j'ai
et qui sont peut-être bien malheureux d'être nés.
Je ne peux donc vous dire, mon cher maître, que
j'aie lieu de me plaindre vis-à-vis d'elle, mais je
n'en sens pas moins vivement tout mon malheur.

Lorsque j'ai été à Toul, l'embarras que ces
enfants me causaient, l'argent qu'ils m'ont coûté
pour les tenir de côté et d'autre, et, je l'avoue
aussi, l'amitié pour elle m'ont entraîné à lui permettre de venir à Toul. Elle y est restée six mois
cachée, mais l'évêque en étant informé m'a per-
sécuté, menacé et m'a amené au point que pour
le faire taire je lui ai fait ma confidence. Il m'a
promis le secret et me l'a gardé jusqu'à ce que
de l'état d'imbécillité qu'il prouvait, il ait passé
à celui de la folie où il est présentement. Il ne
voit plus personne aujourd'hui, et sa famille et
ses grands vicaires le gardent. Le premier acte de
folie marquée qu'il a fait est de venir révéler
mon secret au roi de Pologne ; j'étais alors à Fontainebleau. Le roi de Pologne le manda à la
Reine qui me fit venir dans son cabinet avec
Mme la duchesse de Villars et me lut la lettre du
Roi son père. Il me fut impossible de nier, les
faits étaient trop clairs et venaient d'une voie
trop sûre. J'avouai tout à la Reine qui me com-
bla de marques de bonté et me rassura en me
disant que la Cour était pleine de bourgeoises
qu'on épousait par intérêt et qu'il valait encore
mieux les épouser par sentiment. De retour à
Lunéville, le roi de Pologne me parla avec la
même amitié, et me dit que je courais risque
d'être perdu si cette nouvelle arrivait au Roi et

à M. le comte d'Argenson par un autre que par
moi. J'eus beau lui dire que je pourrais cacher
toujours ce que j'avais caché pendant plus de
six ans ; il me répondit que je pourrais, en effet,
le cacher au public, mais que je me rendais cou-
pable envers mon maître et un ministre qui
m'avait toujours protégé en père. J'eus beau lui
dire que je craignais de me déshonorer à leurs
yeux, que je consentais bien à un aveu tacite,
mais que je n'osais mettre mon protecteur à
l'épreuve d'un aveu en forme, il me répondit
qu'il le ferait pour moi, et sur-le-champ il écrivit
à M. le comte et envoya sa lettre à la Reine pour
la lui remettre, M. le comte ne lui a point encore
répondu, il vous a dit mon secret. Je sens que je
suis perdu à vos yeux, mais s'il vous reste de la
pitié pour un misérable qui en est digne, je vous
supplie d'entrer dans les seuls moyens de me
sauver et de me conserver l'honneur, la vie, et
la fortune, engager M. le comte, s'il en parle au
Roi, à lui demander le secret, que M. le comte
écrive au roi de Pologne qu'il n'est pas temps
encore de déclarer un pareil mariage, que ce sont
de ces choses qu'on ne déclare qu'après les avoir
laissées deviner et croire pendant longtemps.
Mais voici ma ressource. Il est très vrai que le
bisaïeul de M. s'appelait William Roussel, qu'il
était sous Charles Ier des Russel de la province
de Dorset, cadets de la maison de Bedford, qui
prirent le parti du Roi sous le nom de loyalistes
ou cavaliers. Ce parti dissipé, il passa en France,
mourut en Champagne, laissa une femme et des
enfants au berceau qui se firent soldats ou cava-

liers, et leurs enfants ont servi dans le même état
sans reprendre le rang qu'ils tenaient de leur
naissance et se contentant de continuer à se
nommer Russel.

Ceci, pensez-vous peut-être, a bien l'air d'un
roman, cependant rien n'est plus véritable. J'ai
fait venir sourdement plusieurs papiers qui me le
prouvent, et voici ma conduite en conséquence.
J'ai écrit au roi d'Angleterre à Rome, qui connaît
fort toute ma famille, que j'ai vu à Rome et qui
m'a comblé de marques de bonté. Je lui envoie
ces papiers, je lui avoue mon état et ma situation
présente, je lui renouvelle l'assurance de mon
attachement et lui promets d'élever mes quatre
enfants dans les mêmes sentiments pour le prince
son fils. Je le prie de m'envoyer un acte authentique par lequel il reconnaît ce William Russel
pour être véritablement de la maison des Russel
de la province de Dorset, cadets des Russel de
Bedford. Sûrement j'obtiendrai cet acte qui, du
moins, réhabilitera la naissance de Michelle Russel ; j'enverrai cet acte à M. le comte quand je
l'aurai, et il pourra le montrer au Roi. Je ferai
plus, je compte garder cet acte dans ma poche
jusqu'à ce que j'aie trouvé le moyen d'en avoir
un du duc de Bedford par lequel il reconnaîtra
aussi cette branche. Il m'en coûtera cinquante
louis pour arranger cela, et faire jurer l'acte par
le héraut d'armes et de noblesse d'Angleterre, et
ces actes me seront suffisants pour faire recevoir
un enfant chevalier de Malte ; à l'égard du chapitre de Lyon où ma famille entre depuis quatre
cents ans, il y faut renoncer.

Voilà, mon cher marquis, les ressources qui me
restent et que j'emploie pour me tirer de l'état
affreux et humilié où je suis. Vous ne pouvez rien
sentir ni me dire que je ne sente encore plus vivement que vous, je ne cherche dans votre cœur que
la pitié, tous les autres sentiments que j'y connais m'accablent. N'abandonnez pas un misérable, et surtout ne le haïssez pas. Que cette
partie de moi-même qui mérite votre mépris ne
détruise pas le reste qui a pu vous plaire et mériter quelque chose de vous. Ne me reprochez
plus de vous avoir nié ce malheureux mariage.
Comment oser l'avouer à l'homme à qui je connais le plus de principes et le plus d'élévation ?
Vous me perciez le cœur dans ce moment, je sentais ce que je devais à l'ami, mais je tremblais
devant l'homme supérieur. Je n'ai jamais eu le
courage de vous rien avouer, et la bonté, l'amitié
qui perce dans votre lettre au milieu des reproches, me fait encore mieux sentir mon tort.
J'ai même ajouté l'artifice de jouer une passion
plus vive que je ne la ressentais pour mon ancienne amie, dans la vue de détourner la mali-
gnité des soupçons, et pour faire taire le bruit de
ce mariage par celui d'une passion renouvelée.
Je mérite la comparaison que vous faites entre
l'une et l'autre, mais la pauvre Michelle ne la
mérite pas, c'est une honnête personne, on ne
peut du moins attaquer ni sa vertu ni sa probité.
Si je venais, comme j'en suis presque sûr, à réha-
biliter sa naissance, un jour je pourrai avouer en
public la faute que j'ai faite.

Comment pourrez-vous vous accoutumer à

l'idée de me savoir marié, de me savoir quatre garçons dont l'un a déjà huit ans ? Ils sont très jolis et promettent beaucoup, mais n'allez pas deviner que vous serez tourmenté par ces pauvres petits misérables qui vous demandent dès aujourd'hui votre protection.

Je me mets à vos pieds, mon cher marquis, choisissez de me laisser ou de me prendre par la main et me soutenir. Je n'espère que dans M. le comte et en vous. Je suis pénétré des bontés de la Reine et du roi de Pologne dans cette occasion, mais ce qui les affecte aujourd'hui peut être oublié demain. Je sens que je mérite d'être perdu, et qu'il faut un excès de bonté pour moi pour me sauver ; je la demande à genoux à M. votre père et à vous. Gardez mon secret, songez qu'il y a six ans que la faute est faite, songez surtout que je donnerais tout mon sang pour vous et pour votre nom.

MONCRIF AU COMTE D'ARGENSON

*A Monsieur le comte d'Argenson, ministre et
secrétaire d'Etat de la Guerre, à l'armée du
Roi.*

A Versailles, ce 17 mai [1745].

La fidèle Griffe (¹), Monsieur, a une grâce à
vous demander. C'est une compagnie de cavalerie
pour le fils d'un ancien ami qui vit dans ses terres
auprès de Sens et dont le nom vous sera connu.
Le petit mémoire ci-joint vous rappellera le souvenir de cette prière. Un autre mémoire encore
ci-joint regarde une affaire que la Reine me charge
de suivre auprès de vous.

Voici de petites gentillesses pieuses dont j'ai
amusé ces soirs-ci Mme la duchesse de Villars.
Comme depuis huit jours je n'ai pu aller à Paris,
je tâche de remplir le loisir de la sainte duchesse.
Ne montrez, je vous prie, à personne, cette plaisanterie.

La Reine commence demain à souper avec des
dames. Mme de Villars va à son Parc-aux-Cerfs ;
j'irai passer un jour avec des amis que j'aime bien.

1. Allusion au surnom d'*historiogriffe* donné à l'auteur des *Chats*
par le comte d'Argenson, lorsque Moncrif lui demandait la place
d'historiographe du Roi.

La santé de Madame (¹) paraît se bien rétablir.
Il est vraisemblable que la joie que lui a causé le
gain de la bataille et la gloire dont le Roi s'est
comblé a contribué à ce mieux où elle se trouve.

Dimanche 30 [juillet 1747].

La semaine de la grande duchesse (²) étant
finie, elle va ce soir à Choisy et y mène souper
Mme de La Marck (³). L'arrangement était d'avoir
aussi le compagnon de la semaine, mais il y a
empêchement. Mme de Luynes est allée passer
deux soirées à Dampierre ; ainsi ce ne sera que
mardi que la personne qui reste pourra aller
joindre ses deux semaines. On leur avait hier
envoyé un mémoire du traiteur qui a fourni les
dîners de la semaine de la grande duchesse. Tout
y était d'un choix, d'une abondance qui rendait
ce mémoire très brillant. On nous a envoyé en
réponse un avis de parents pour la faire interdire,
écrit on ne saurait plus plaisamment.

La personne qui met du rouge (⁴) à un visage
quelquefois pâle, en fait actuellement une dépense extrême, elle a toujours la brosse à la main.
On ne se souvient point du tout des inconvénients
d'habiter des endroits qui fument. Hier elle disait
à son fils qu'elle n'apprenait que par des remerciements que lui font les gens à qui elle s'intéresse

1. Anne-Henriette de France, seconde fille du Roi, née le 14 août
1727, morte en 1752.

2. La duchesse de Brancas.

3. Marie-Anne-Françoise de Noailles, née en 1719, mariée en
avril 1744 au comte de La Marck.

4. La Reine. Cette plaisanterie revient souvent dans ses lettres

le succès de leur demande, et que cette façon-là
d'obliger mérite et cause une vraie reconnaissance.

Mme la Dauphine (¹) est parvenue hier à faire
une reprise de *Minchia* (²), ce qui lui a beaucoup plu.
Il vient de lui arriver de nouvelles ressources à
cet égard, c'est M. de Saint-Aignan et le bailli de
Saint-Simon. Il n'y a nul embarras à avoir ou à
craindre au sujet du protégé de Mme d'Estrades (³).
Elle ne sait pas qu'on a eu en vue de lui procurer
un emploi par la voie dont on s'est servi ainsi en
ne disant mot. Tout tombe et ne rien dire est,
je crois, le mieux, car d'aller lui proposer qu'on
agisse en son nom c'est s'exposer à deux inconvénients. Peut-être ne le voudra-t-elle pas et sera
fâchée de ce qu'on lui propose une voie inutile.
Mais supposé qu'elle consente qu'on se serve de
son nom, toute la reconnaissance tombera sur
ceux qui auront fait l'arrangement en second.

La nouvelle qui se répand ici que M. le maréchal de Noailles a disposé de la brigade de Tressan
qui n'en sait rien, fâche beaucoup la sainte duchesse (⁴) qui a la migraine. La Reine à qui M. de
La Mothe (⁵) a parlé de ce bruit qui paraît fondé
a paru étonnée de ce que M. le maréchal ne lui

1. Marie-Josèphe, princesse de Saxe, née le 4 novembre 1731,
mariée au Dauphin le 9 février 1747, morte le 13 mai 1767.

2. Le *minquiat*, jeu de cartes mis à la mode à Versailles par la
Dauphine.

3. Elisabeth-Charlotte Huguet de Sémonville, veuve du comte
d'Estrades, tué à Dettingen en 1743, partagea plus tard l'exil du
comte d'Argenson. Par sa belle-mère, Charlotte Lenormand, elle
était cousine de Mme de Pompadour.

4. La duchesse de Villars.

5. Louis-Charles, comte de la Mothe-Houdancourt, né en 1687,
chevalier d'honneur de la Reine, mort maréchal de France en 1755.

avait pas écrit à ce sujet, connaissant qu'elle protège Tressan, ou qu'il n'ait pas chargé Mme de Villars d'en parler à Sa Majesté qui, au fond, n'est pas étonnée qu'on ait disposé de la brigade.

Vendredi, 4 août.

Mercredi, j'allai souper à Choisy (¹). Je trouvai Mme de P. (²) de la meilleure santé du monde ; elle me parut encore engraissée depuis douze ou quatorze jours que je ne l'avais vue. Le souper ne fut point triste. La grande duchesse et la comtesse qui naturellement ont de la gaîté, y joignent celle qu'on se trouve avec les personnes qu'on aime et avec qui on dit ce qu'on pense. Elles sont assurément pour Mme de P. par cette raison de la meilleure compagnie du monde. Mme du Roure et M. de Rubempré arrivèrent comme on allait se mettre à table, et la comtesse de Coigny y avait passé l'après-dînée. Mme la marquise avait dessein d'aller aujourd'hui à l'Opéra, et il y a apparence qu'elle aura rempli son projet.

Hier je suis revenu ici par Paris ayant plusieurs commissions à faire, telles qu'achats de livres, visite à faire à des copies que La Tour fait faire de son portrait de la Reine. Je ne vis point mes bons amis ; je n'aurais pu y être qu'une heure, et je m'arrange pour y aller dîner. D'ailleurs je suis bien aise de laisser passer un petit nuage *dont il ne faut pas paraître instruit.* On a toujours des reproches et des accusations à me faire sur une

---

1. Le château, bâti par Mlle de Montpensier, avait été vendu par le duc de la Vallière au Roi en 1739.

2. Mme de Pompadour.

personne d'ici (¹), et on prend du froid et même
un peu d'aigreur parce qu'on ne peut pas m'en-
tamer sur cela, et que je n'aurai jamais que du
bien à en dire. Et à propos de cela plusieurs choses
qu'on a cru savoir bien sont autant de chimères
ou du moins quelques vues sont si exagérées
qu'elles ont pris le caractère de fables.

Mgr le Dauphin continue à prendre les eaux de
Vals et s'en trouve fort bien. Hier, il soupa seul
afin de rester étroitement dans le régime. Mesdames se portent à merveille, Madame Adélaïde
embellit tous les jours. Madame la Dauphine paraît se trouver fort bien des bains qu'elle a pris.

Le Président (²) est ici depuis mercredi et y est
arrivé bien à propos. La Reine a eu des mouvements de vapeurs, elle aurait besoin qu'on la tirât
de sa langueur et de son découragement. Un objet
auquel on n'est pas accoutumé et d'aussi bonne
compagnie que le Président fait distraction.

Il parait un nouveau factum contre Voltaire.
On n'y rebat que des traits d'aigreur et d'accu-
sation sur l'abus qu'il fait du crédit, déjà employé dans les factum précédents. Mais ce dé-
chaînement est toujours mortifiant, et l'on n'imagine pas comment il n'a point éteint ce procès
après la sentence du Châtelet. Il doit être jugé
le 9. L'abbé d'Olivet (³) est plus attaqué dans ce
dernier factum qu'il ne l'avait été, et il y a des

1. Il s'agit des reproches que la Reine faisait à Moncrif au sujet
de ses relations avec Mme de Pompadour.

2. Le président Hénault (1685-1770). Il reçut la charge de su-
rintendant de la Reine.

3. Pierre-Joseph Thoulier, abbé d'Olivet, né en 1682, membre
de l'Académie française en 1723, mort en 1768.

17

conclusions contre lui. Je l'aurai ce soir ce factum,
et j'en ferai un paquet. Je serais fâché cependant
que ce fût cet exemplaire qui fût lu en Flandre,
s'il n'y en est pas arrivé d'autres.

Le président de Montesquieu fait une nouvelle
édition de son traité de la *Grandeur et de la Déca-
dence de l'Empire romain*. Il y a mis des additions
qui font environ un dizième d'augmentation, et
dans ces additions il y a des choses très bien pensées. L'édition ne sera imprimée que vers le mois
de novembre. Il y aura un exemplaire en grand
papier pour la bibliothèque de M. le comte.

Nous recevons journellement des lettres remplies des pensées et des alarmes de Tressan. Il ne
sait que par des avis qu'il a reçus qu'on dispose
de sa brigade. Il paraît au désespoir de ce qu'on
n'a pas permis qu'il prit quelque tournant pour
paraître avec honneur s'en être défait de sa
propre volonté. Quelques mois auraient suffi pour
cela. Au fond il n'a jamais eu de torts qu'avec
lui-même. Sa brigade est et aurait été bien entre-
tenue, le produit qu'elle lui donne ne passant
point par ses mains. Il est aimable quoiqu'on ne
compte pas beaucoup sur son amitié, mais il plaît
assez pour qu'on lui pardonne d'être léger.
Mme la marquise (1) parla avant-hier de lui avec
bonté. Il serait bien à souhaiter pour lui que
M. le maréchal (2) voulût bien prendre seulement un
tournant un peu favorable pour le déplacer et lui
épargner la honte d'être le seul qui ne sache que
par des ouï-dire qu'on le renvoie. On lui mande

1. La marquise de Pompadour.
2. Le maréchal de Noailles.

que M. d'Espinchal vient relever ici celui qui aura
la brigade. Il marque dans sa dernière lettre une
circonstance qui aggrave avec justice sa douleur : « J'ai renvoyé Michelle, dit-il. Je n'ai pas
« seulement le privilège des chanoines mes voi-
« sins. Quand on les force à licencier leur servante,
« du moins il leur reste quelque nièce. »

Mercredi 9 [août 1747].

La prise du chemin couvert de Berg-op-Zoom
et la manière dont cette opération s'est faite,
change un peu les idées de ceux qui voyaient le
siège durer encore bien longtemps. Ils avaient
évalué cette prise qu'ils croyaient encore éloignée
à beaucoup plus qu'elle n'a coûté. Et la conduite
du comte de Lowendal dans toute cette suite
leur paraît sage. Les gens qui pèsent tout parce
qu'ils ont un bon jugement ont pensé que la résistance des assiégés, quoique assez forte par leur
artillerie et le feu de leurs troupes, n'irait point
jusqu'à montrer pareille envie de se défendre lorsqu'il faudrait agir corps à corps avec nous, et
cette opinion s'accrédite. Ils pensent que la
brèche faite ils se retireront.

Il s'est répandu ici ces jours derniers un bruit
qui a fort inquiété. Le prince de Waldeck (¹)
allait, par une route où nous ne pouvions le
joindre, s'unir au corps des alliés qui donne du
secours à la ville. Une lettre où cette joncture
était énoncée a été montrée en confidence à un

1. Général des troupes de la République de Hollande, avant
que les Provinces-Unies se fussent donné un stathouder hérédi-
taire dans la maison de Nassau-Dietz.

ami. Cette confidence a passé à quelques autres qui, pour être crus, ont confié jusqu'au nom de la personne de qui était la lettre, et ce nom accréditait beaucoup la conjecture ; de là on voyait des retranchements dans la ville de rue en rue quand l'assaut aurait été donné. La prise du chemin couvert a un peu diminué de cette frayeur, parce qu'on imagine que si la jonction dont il s'agit était possible, elle était déjà faite, le jour de la prise du chemin couvert, et ne l'avait point empêchée. On concluait tout de suite que le reste de la place ne serait pas défendu plus opiniâtrement que ce chemin couvert l'avait été. Je ne doute pas que la personne qui a écrit cette lettre n'ait agi avec poids et mesure en mandant cette circonstance, mais elle peut être certaine que toutes ses lettres seront confiées sous le secret à plusieurs amis avec le même succès.

Mgr le Dauphin a eu hier une douleur de dent, et à une dent précisément ; on assure que ce n'est point fluxion dans l'intérieur ni l'extérieur.

Voici un livre qui paraît depuis peu de jours et qui ne se vend point. Des éclaircissements qu'on trouve dans la préface font reconnaître qu'il est de M. de Poilly ou de M. de Burigny, frères de M. de Champeaux, et peut-être de tous deux. A la première lecture on peut y trouver peu de choses neuves et des propositions données un peu trop dans le sens général. Des autorités ou plutôt des explications qu'on fait d'après les principes de Sanctorius (¹) pourraient peut-être blesser M. le

1. Médecin italien (1561-1636), auteur du *Traité de médecine statique.*

Chancelier, mais surtout le livre est susceptible
d'approbation et de privilège. Quant au style, il
est inégal, souvent affecté et quelquefois obscur,
non par le tour des phrases, mais par l'emploi de
quelques termes qui n'ont pas le sens qui leur est
propre. Au surplus, il est rare, et c'est un sacrifice que l'envoi de cet exemplaire-ci.

Lundi 31.

Les Luynes sont hier allés à Dampierre pour
deux jours. La Reine fut souper chez sa chance-
lière (¹). Papette était malade. Il y avait, outre la
suite ordinaire de Sa Majesté, l'archevêque de
Rouen (²) et le comte de La Mothe et le chevalier
de Montaigut qui soupèrent de leur côté. La chan-
celière fit sa bonne chère habituelle ne pouvant
pas faire mieux. La Reine y retourne ce soir avec
la même compagnie. Sa Majesté prend des eaux
dépurées de Passy avec toute liberté d'en prendre
peu, point, ou beaucoup. Elle continue à se promener ou dans la galerie en sortant de dîner, ou
avant son jeu dans le jardin. La promenade de la
Galerie n'est que pour retarder sa lecture ou de
travailler à sa tapisserie, car elle se passe sans
beaucoup de mouvement. La description de Versailles à la main, Sa Majesté parcourt les différents
endroits qui lui plaisent dans la description. Vendredi, comme elle n'avait pas les personnes qui
la suivent ordinairement, elle mena l'abbé de
Montazet (³), qui s'attache extrêmement à lui

1. La comtesse de Saint-Florentin (née comtesse de Platen).
2. M. de Tavannes, grand aumônier de la Reine, cardinal en 1756.
3. Aumônier du Roi.

faire sa cour et qui, outre beaucoup d'esprit, a une voix comme Jélyotte (¹). C'est bien dommage qu'il ne soit pas un profane. Employé sur le théâtre de l'hôtel de Sully, il l'accréditerait encore plus qu'il n'est, bien qu'il le soit beaucoup ; mais cet abbé a des mœurs très sévères, et l'évêque de Soissons le regarde avec justice comme son bras droit.

Zaïne en soupant parla avec beaucoup d'amitié de M. le comte à l'occasion d'un reproche qu'elle a à lui faire. Il lui avait promis de faire mettre un voile par Coypel sur une sainte nudité que M. de Richelieu lui a rapportée de Flandre. Et M. le comte est parti laissant cette immodestie sans voile. Il s'est trouvé un remède facile, une personne amie de M. Coypel s'est chargée de lui porter le tableau. Et cela pour l'acquit de la conscience de M. le comte.

Mme de La Marck fut avant-hier invitée par Mesdames de jouer du clavecin chez elles. Mgr le Dauphin l'entendit, elle fit des choses admirables. Sa santé est bien à présent à cette comtesse, qui a bien des amies et qui les mérite par la douceur et la gaîté de son caractère. Il y a eu bien belle compagnie ici ces jours derniers. Mme Portail (²) est venue voir Mme Marchais (³) avec les deux sœurs de Mme Marchais qui sont, de leur côté, fort jolies. Il y avait, d'autre part, chez Mme d'Oinville, M. et Mme Boulin avec l'abbé. Ils ont un bien de

1. Jélyotte, célèbre chanteur de l'Opéra, né en 1711, mort en 1782.

2. Marthe-Antoinette Auberi de Vatan, mariée en 1732 à Jean-Louis Portail, président à mortier le 28 août 1726.

3. Elisabeth-Josèphe de Laborde, mariée à Binet de Marchais, valet de chambre du Roi, remariée en 1780 au comte d'Angivillier, morte en 1808.

campagne ici, un peu plus loin que Roquencourt.
Mme d'Oinville (car les personnes d'un mérite distingué ne sont pas toujours aussi connues qu'elles
devraient l'être), Mme d'Oinville, dont le mari
est gouverneur des pages de la Reine, est une
femme fort aimable et plus peut-être que deux
grandes filles qu'elle a qui sont fort jolies. Elle
sort fort peu et ne reçoit que compagnie choisie.
Les pages même, qui naturellement devraient
avoir quelqu'accès chez elle, n'y sont présentés
que quand ils sont grands, c'est-à-dire un peu
avant l'entrée dans le monde, et cela leur en
donne déjà bien les manières. M. de Crançay qui,
assurément, est chez les dames de la ville comme
le poisson dans l'eau, n'a jamais pu y être admis,
de mauvaises langues ayant insinué que, dès
qu'il a vu deux fois une jolie femme, il laisse entendre qu'il en fait comme des choux de son jardin : il est de retour ici depuis quelques jours. On
prétend que c'est parce que Mme Rolin l'a quitté
pour un officier hollandais prisonnier qui n'a que
dix-neuf ans et qui a six pieds de haut. C'est toujours une perte que l'épouse d'un fermier général.

Mme de Civrac est malade, outre l'inquiétude
de la blessure de son mari qui lui a cependant
mandé que ce ne serait rien. Elle a un clou sous
un bras qui doit être fort blanc ce bras et fort
potelé que nous appelons.

La grande duchesse a pris on ne saurait mieux
auprès de ses maîtresses. Madame Adélaïde (¹) a
été la première à s'en expliquer, Madame en est
venue au même point et Madame la Dauphine

1. Madame Adélaïde, troisième fille du Roi, née le 23 mars 1732.

aussi. Le soir ils la gardent après souper souvent assez tard. Elle est effectivement de très bonne compagnie, disputant sur l'envie qu'elle a d'aller souper et la crainte de faire attendre l'évêque de Bayeux (¹) qui mange jusqu'à temps qu'elle arrive à quelque heure indue que ce soit.

La maréchale de Duras (²) est allée à Paris à cause de la blessure de son neveu. Elle s'était arrangée pour pouvoir aller à Crécy, mais cela ne s'est pas trouvé. Il y a apparence qu'en revenant ici demain elle passera par Choisy et qu'elle pourrait n'y trouver personne. Si elle y va avant le souper, on doit, je crois, aller au-devant de la grande duchesse qui sera allée hier après souper à Paris. Elle aura vu aujourd'hui Son Altesse Royale (³), elle n'a pas eu d'autre objet en quittant Choisy. Il lui est revenu des discours qu'elle veut approfondir et qu'elle croit imaginer purement et grossièrement. Tout cela s'éclaircira.

1er août.

Mgr le Dauphin a pris ce matin à titre de purgation des eaux de Vals. Il en prendra deux bouteilles en trois jours, on compte qu'ensuite il continuera de se promener le matin comme il avait commencé de faire. La Reine l'exhorte beaucoup à se donner cette dissipation qu'elle se prescrit à

1. Paul d'Albert de Luynes, premier aumônier de Mme la Dauphine en 1746, cardinal en 1756.

2. Angélique-Victoire de Bournonville, née en 1686, mariée en 1706 au duc de Duras, maréchal de France en 1741, dame d'honneur de Madame Victoire en 1748 et de Mesdames Sophie et Louise en 1750.

3. La duchesse d'Orléans (veuve du Régent).

elle-même, mais qu'elle ne prend pas aussi souvent qu'elle se le promet, les vapeurs venant à la traverse. Car c'est une portion des vapeurs même que cette crainte de faire les choses qui pourraient les chasser. Toute cette matinée Sa Majesté en a été tourmentée, l'accès était augmenté au moment où l'on a servi son dîner. La grande duchesse lui a proposé d'aller pleurer ensemble dans un cabinet ; y étant arrivées, elle a demandé si on commencerait par rire, étant donné que le rire et les larmes sont également un remède. On a fait alternativement l'un et l'autre. L'abbé de Broglie (¹), qui fut un jour témoin de ces alternarives, disait : « Madame, Votre Majesté copie les giboulées de mars. » Les giboulées de ce matin du moins ont réussi. La Reine est venue se mettre à table avec plus de tranquillité, elle a mangé peu, mais avec plaisir et ensuite elle s'est promenée trois quarts d'heure dans la grande Galerie. Il y a apparence que tout ce mal être de la matinée vient du souper d'hier chez Mme de Saint-Florentin, il y avait bonne chère selon l'usage. M. de Maurepas et Mme d'Armagnac (²) en étaient avec sainte Papette. Le souper toutefois a été languissant. Les fenêtres étaient fermées et le chaud incommodait considérablement ceux qui ne craignaient pas l'air. Pendant ce temps-là de simples mortels soupaient gaiement chez M. de N. Il y avait la chasse. M. et Mme de la Haye y avaient

1. Charles-Maurice, frère du maréchal de Broglie, abbé des Vaux-de-Cernay.

2. Françoise-Adélaïde de Noailles, sœur du maréchal, mariée en 1717 à Charles de Lorraine, grand écuyer de France.

acquis beaucoup d'appétit. Du vin de Champagne se trouva mûr, quoique mousseux, et Mme de la Haye, qui est fort délicate et qui mange peu, ne put se dispenser d'en boire pour se soutenir. Mme Brageras, plus misanthrope que jamais, usait le peu de complaisance dont elle est capable, sur un marcassin à l'honneur duquel elle soupait (contre sa coutume), grondant de moment à autre, avec une injustice et fond de gaîté charmant, un M. Egly, Anglais, et disant d'un ton triste des choses fort plaisantes. Il expiait le tort de n'avoir pas assez perdu à la comète contre elle. Le marquis nous manquait. Il soupait seul de chagrin de ce que le jour lui avait manqué à son second daim. Il attribuait son désastre à la rencontre qu'il avait faite de Mlle Lescalmotier, il ne pouvait digérer qu'on la trouvât digne d'être remarquée. Effectivement il lui était arrivé à la messe de la Reine une chose à faire mourir de désespoir. Elle était étalée dans une travée ; personne ne la connaissait, aucun homme n'imagina de demander qui est-ce là ! Réellement elle ne fut pas remarquée, et quand on sut le soir que c'était elle, personne presque ne regretta de l'avoir ignoré. Mais le malheur n'en veut pas ainsi à toutes les personnes célèbres. La présidente Ogier est ici et fêtée très convenablement. Le duc de Brancas (¹) est toujours en tête-à-tête avec elle actuellement. Ils partent avec la duchesse et les petits-enfants pour aller à Marly.

1. Louis-Antoine, né en 1682, marié en 1709 à Marie-Angélique Fremyn, nommée en 1744 dame d'honneur de Madame la Dauphine.

Les ministres étrangers étaient ici en petit nombre. Aujourd'hui, le nonce, l'envoyé de Russie, celui de Portugal et le Doria, c'était tout. Ce qu'ils savaient d'Italie, c'est que le maréchal de Belle-Isle a appris la mort de son frère par une lettre de compliment arrivée avant le courrier.

La dégradation du pauvre Tressan va laisser une place d'exempt vacante. Un neveu de La Pouplinière, espèce s'il en fut, étourdi et crapuleux, est mis sur la scène parmi les prétendants. Le maréchal de Noailles a reçu des sollicitations et a fait des réponses favorables. Il ignore sans doute quel est le sujet. On chasse Tressan qui est aimable parce qu'il a une fille, et on prendra un ennuyeux qui les aura toutes. Parmi les prétendants il y en a un entr'autres qui mériterait assurément la préférence, mais tous les autres devraient l'avoir sur le neveu Pouplinière.

La pauvre Mme de la Pouplinière est à n'avoir pas six mois à vivre. La Pouplinière (¹) en est aux larmes. Réellement il pleure quand on lui en parle, et cette affliction-là a frappé plusieurs personnes au point que depuis cela elles ne veulent plus manger chez lui.

Dimanche.

Bien que neuf heures et demie et le chemin de l'appartement à la grand'messe fussent également favorables pour présenter la lettre à la Reine, les instructions ont été exactement suivies. La sainte duchesse arrivant à la toilette, après avoir écouté combien on baise avec plaisir sa mule, a reçu la

1. Alexandre-Jean-Joseph Le Riche de la Poupelinière, fermier général, né en 1691, mort en 1762.

lettre et l'a remise à Sa Majesté pendant la lecture. Mme de Luynes a été appelée la sainte duchesse et le confident. Témoignage de sensibilité sans nombre de la part de la Reine sur le zèle qu'on marque pour tout ce qu'elle désire. Elle a tout de suite ordonné qu'on mandât à M. le comte qu'elle le remercie bien parfaitement de tout ce qu'il lui marque dans sa réponse. Elle a ajouté qu'on lui mandât encore que Sa Majesté *se départ entièrement de la demande qu'elle avait faite pour le Sr Jericot*, et qu'elle laisse l'élection se faire dans toute la liberté des suffrages comme à l'ordinaire, *n'exigeant rien des Etats à ce sujet.*

La sainte duchesse prétend qu'elle écrit fréquemment à M. le comte des lettres où il doit trouver beaucoup d'esprit et d'importunité. Au surplus elle l'aime en toute charité et cordialité. Quel dommage qu'on n'ait pas pu lui faire lire la lettre de créance qui contenait la réponse à la Reine ! Le portrait et l'horoscope de M. Laujon (1) sont à faire mourir d'envie le cardinal de Retz et Gauric (2).

Le Président part aujourd'hui, quoique la Reine ait fort désiré le retenir. Je suis bien fâché de ce qu'il ne consent pas à rester, cela accommodait bien mes soirées que j'aurais passées impunément avec ma camarade de semaine, au lieu qu'il faudra quelquefois que j'arrive tard à souper et que je retourne de bonne heure chez Mme de Luynes.

Mme de Pompadour a eu la plus belle représen-

1. Laujon (Pierre), né en 1727, auteur dramatique et chansonnier, plus tard membre de l'Académie française.
2. Evêque italien et astrologue (1476-1558).

tation du monde Vendredi, à ce même Opéra
où il n'y avait encore eu que de la solitude.
C'était une chambrée d'hiver comme quand on
jouait Armide. Toutes les jolies dames dans les
loges et même dans l'amphithéâtre, et tout ce
qu'il y a de gens qui viennent ici, hommes et
femmes, la plupart en grande loge. L'Opéra a
plus tiré d'argent de cette représentation que des
cinq qui avaient précédé.

Mlle Chevalier est ici aujourd'hui, elle chantera chez M. le Dauphin.

L'ancien premier président Pelletier, son fils,
et le président Turgot (1) sont venus aujourd'hui
faire leur cour à la Reine.

Ce 11 juin au soir.

Mme la duchesse de Villars avait demandé une
croix de Saint-Louis. La lettre qu'elle a reçue à
ce sujet lui a plu au point qu'elle n'a point senti
le refus, ce qu'ordinairement elle sent vivement
tout au moins. Il en peut être de même d'un certain milicien de S. près de Saint-Denis, qu'elle
demande avec instance. Je vous en avertis, Monsieur, afin que vous lui laissiez le plaisir qu'elle a
d'être extrêmement contente de vous, mais que
l'ingénieuse réponse en refus ne tarde pas, car
je meurs si j'attends.

Voici une petite *Brunette* (2) qui a assez bien
égayé deux ou trois soirées, n'en faites part à
personne au monde s'il vous plaît. Sans vanité,

1. Michel-Etienne Turgot, conseiller d'Etat en 1737, premier
président du Grand Conseil pendant l'année 1741, mort en 1751.

2. Chanson que Moncrif avait jointe à cette lettre.

l'auteur a quelque mérite à cet ouvrage qui n'a passé du sanctuaire des soirées que dans l'oreille de mes bons amis à qui j'ai été la chanter à Paris et qui en ont beaucoup ri. Cette chanson est sur un air que je joins ici et sur lequel j'ai fait des paroles de commande dont j'ai reçu des compliments au-delà de ce que mon amour-propre pouvait en attendre, car on en a dit l'objet, les traits et le succès à la personne dont la cousine préfère l'élément le plus noble. Mais cela n'a point produit ce qu'on en attendait, je n'en ai pas eu moins bon visage pour mon compte. On s'est contenté de me dire qu'elle était fort jolie. Je crois que cette nouvelle avait été apportée d'au-delà des mers.

La fête qu'on m'avait annoncée pour ce soir vient de commencer. Je compte aller dimanche à Paris remercier les auteurs.

La Reine a été après son dîner voir Madame, afin d'apprendre par elle-même si elle a un peu mangé et si elle n'a point toussé ce matin, comme elle avait fait un peu hier au soir. Sa Majesté l'a trouvée fort bien.

J'oubliais à propos de la chanson que voici qu'à ma permission expresse je l'envoie à M. le duc d'Ayen (¹). S'il ne vous en parle pas, ignorez, je vous prie, qu'elle existe.

Moncrif au marquis de Voyer.

A Montrouge, 20 janvier.

La Griffe le voudrait bien, Monsieur, assuré-

1. Louis, duc d'Ayen, fils aîné du maréchal de Noailles, né en 1713, lieutenant-général en 1748.

ment, mais la rigueur du temps et des petits
arrangements annuels qui intéressent ses parents
pour le présent et pour l'avenir le retiendront ici
(à Paris) jusques aux premiers jours de mars. Au
surplus, si elle n'est pas assez heureuse pour vous
trouver aux Ormes, elle n'en sera pas moins exacte
à remplir ce que vous désirez d'elle au sujet du
bâtiment. Trop heureux de pouvoir justifier à
quelques égards l'amitié dont vous l'honorez et
qu'elle méritera toute sa vie par son tendre et
respectueux attachement. M. le duc de la Vallière (¹) me charge de dire mille choses de sa part
à M. le comte et à vous, Monsieur.

A Compiègne (sans date).

La fidèle Griffe, Monsieur, ne saurait trop vous
rendre compte des sentiments d'attachement et
de zèle que M. Sénac (²) vient de montrer, malgré
sa crainte quand il voyage et les exhortations de
Mme Sénac à ne point voyager. Il est vrai qu'il a
trouvé dans la bonté avec laquelle le Roi a ap-
prouvé son voyage ce qui pouvait l'y attacher
davantage. Mille gens de marque et même tout
ce qu'il a rencontré d'autres personnes l'ont remercié de sa résolution de partir.

Il est bon que vous sachiez qu'il dîne seulement,
et qu'il ne mange d'habitude qu'un potage avec
force laitues, un pain au riz fait en toute simplicité, et beaucoup de fraises.

1. Louis-César Le Blanc de la Baume, duc de la Vallière, né en 1708,
grand fauconnier de France en 1748, gouverneur du Bourbonnais.

2. Jean-Baptiste Sénac, né en 1693, premier médecin du Roi
en 1752, mort en 1770.

J'ai remis au valet de chambre qui le suit dans une seconde chaise de quoi payer abondamment les frais de la poste pour l'aller et le retour. Ainsi il n'y aura rien à y ajouter, à moins qu'il n'y ait à travailler aux deux chaises considérablement, car j'ai donné deux francs de surérogation aux frais de poste pour le racommodage.

J'ai mandé à M. Rousset par le valet de chambre qui suit que M. Sénac compte de coucher chez M. votre père afin de le voir dans le cours de la nuit. Il faudra coucher aussi le valet de chambre.

Mille respects d'attachement à Mme de Voyer et à vous, Monsieur, avec la sincérité de la fidèle Griffe.

Je compte retourner demain à Paris, la Reine vient de me le permettre avec tous les témoignages d'intérêt et de bonté concernant M. le comte.

Aux Ormes, ce samedi (¹).

La fidèle Griffe s'est acquittée, Monsieur, et en toute exactitude, de la commission que vous lui avez donnée. Elle est arrivée mercredi à Tours, après avoir éprouvé quelques tribulations en route, comme saignements de nez occasionnés par des soubresauts sur la levée et un mal de tête qui l'a fait rester à Blois pouvant aller plus loin. Une journée passée avec Mme Raymon a tout effacé, à l'exception de l'obstacle qui l'a empêchée de se rendre ici, un assez gros rhume la tenant encore, mais sans maux d'estomac ni fièvre, ni

---

1. Le comte d'Argenson était exilé dans son château des Ormes, en Poitou, depuis sa disgrâce en 1757.

rien enfin de ses incommodités trop fréquentes.

J'ai trouvé M. le comte en fort bonne santé, et Mme la comtesse (1) entourée de dominos, de répétitions de rôles et de tracasseries faites par ses femmes dont la plus importante m'a paru une espèce de squelette bai brun. Je ne connaissais point les demoiselles de Tilmont ; elles m'ont paru bien, mais elles n'ont rien de leur mère ; elles joignent au mérite d'être jolies l'une et l'autre celui de ne se point ressembler. Il m'a paru (mais un arrivant peut se tromper), qu'elles n'ont pas de faible pour Mme du Petit-Thouars, et cela me mortifie. M. de Richelieu qui s'y connaît m'a dit qu'il la croyait du plus heureux naturel, et cela est bien engageant. Elle part *sous prétexte* de la maladie de sa belle-sœur, car si quelque adepte l'avait ici traitée elle-même, elle se serait fiée à la Providence de la guérison de sa belle-sœur. J'ai encore l'usage de quelques spécifiques, mais à mon âge la charlatanerie ne persuade qu'avec beaucoup d'adresse et de la fréquentation habituelle.

Donnez, je vous supplie, Monsieur, de vos nouvelles à la fidèle Griffe, et la mettez aux pieds de Mme la marquise de Voyer.

A Versailles, ce ..... avril.

La fidèle Griffe garde le mémoire concernant la poste de Saumur pour le remettre elle-même à M. Jannel (2) ici après-demain. Il serait inutile de

1. La comtesse d'Estrades.
2. Directeur du cabinet de la poste.

18

le lui envoyer, le Comité qui précède le travail
prochain avec M. le duc de Choiseul ([1]) ayant été
tenu ce matin à Paris où je n'ai pu me rendre,
étant occupé ici de la répétition d'un opéra en un
acte que M. le maréchal de Richelieu m'a demandé pour le Fontainebleau. Je vous ai cru,
Monsieur, en Touraine, et j'ai gardé une suite de
gazettes littéraires et autres pour vous les faire
tenir où vous le jugeriez à propos. Je n'ai pu,
malgré mes instances, faire rétablir l'envoi de la
Gazette de France, ce département regardant
directement M. le duc de Praslin ([2]).

Le Roi et la famille royale se portent aussi bien
que nous ne cessons de le désirer. Le Marly s'approche, et le temps s'achemine par degrés à être
aussi beau qu'on a lieu d'espérer qu'il sera. Je
compte y être assez assidûment pendant le jour,
et le soir me rendre à Saint-Germain-en-Laye
chez M. le duc d'Ayen, où on représente en famille
des comédies et des actes d'opéra exécutés singu-
lièrement bien.

Vous entendrez sans doute parler des troubles
de la Comédie-Française. Brissart, Lekain, Molé
sont en prison pour avoir refusé de jouer avec
Dubois dans le *Siège de Calais*, et avoir fait manquer entièrement toute représentation lundi dernier. Mlle Clairon, qu'on accuse d'avoir concerté
toute cette révolte, est au Fort-l'Evêque, plus
héroïque que jamais jusque dans la manière de

1. Etienne-François, duc de Choiseul, ministre des Affaires
étrangères et de la Guerre, né en 1719, mort en 1785.
2. César-Gabriel, duc de Praslin, ministre des Affaires étrangères (1761), de la Marine (1766), mort en 1785.

demander le pot de chambre quand elle veut pisser. Ce trouble a divers partisans, les *Duboisistés*, les *Claironistes* et les *prisonistes*. Au surplus, toute la bourgeoisie qui fait la plus grande somme dans les spectateurs est *prisoniste*, et ne pardonne point d'afficher qu'on jouera, de prendre l'argent et de ne jouer pas.

Jouissez, Monsieur, des beaux et aimables rivages de la Vienne, et rappelez quelquefois avec les amis du canton le souvenir de la fidèle Griffe.

A Versailles, ce 17 novembre.

M. le duc de Choiseul, Monsieur, a reçu un libelle signé des deux Lafont, rempli d'imputations odieuses et déguisant les faits en accusant M. l'Intendant de Poitiers d'injustice. Il est bien hardi à des coquins dont on instruit un procès pour vol d'écrire de pareilles invectives. J'ai oublié quel est l'orfèvre de Paris à qui ils doivent encore l'un des diamants qu'ils ont retenu. Ne pourrait-on, par la voie de cet orfèvre, faire punir aussi sévèrement qu'ils le méritent, ces deux misérables ? Donnez-moi, je vous supplie, des éclaircissements à ce sujet.

M. de Choiseul doit écrire à M. le comte en lui faisant part de cette lettre. Je lui ai expliqué ce que c'est que les deux Lafont ; ils n'auront aucune réponse. La fidèle Griffe désire extrêmement que l'arrangement de la poste soit fait avant votre retour. Elle vous embrasse, et assure Mme la marquise de son respectueux attachement.

TABLE DES MATIERES

Imprimerie Bussière. — Saint-Amand (Cher).

9 782329 080765